本专著是全国教育科学"十三五"规划2019年度教育部重点项目"西部贫困地区乡村教育治理困境与对策研究"（编号：DGA190317）、2019年贵州教育科学规划重点课题"乡村振兴背景下贵州贫困地区乡村教育治理研究"（编号：2019A041）阶段性成果

共治求善治：民办高校内部治理体制的完善与优化

◎ 王世斌　著

九州出版社
JIUZHOUPRESS

图书在版编目（CIP）数据

共治求善治：民办高校内部治理体制的完善与优化 /
王世斌著 . -- 北京：九州出版社，2024.6. -- ISBN
978-7-5225-3013-0

Ⅰ . G648.7

中国国家版本馆 CIP 数据核字第 2024XG6109 号

共治求善治：民办高校内部治理体制的完善与优化

作　　者	王世斌　著
责任编辑	云岩涛
出版发行	九州出版社
地　　址	北京市西城区阜外大街甲 35 号（100037）
发行电话	(010)68992190/3/5/6
网　　址	www.jiuzhoupress.com
印　　刷	河北万卷印刷有限公司
开　　本	710 毫米 ×1000 毫米　　16 开
印　　张	10.5
字　　数	160 千字
版　　次	2024 年 6 月第 1 版
印　　次	2024 年 6 月第 1 次印刷
书　　号	ISBN 978-7-5225-3013-0
定　　价	68.00 元

前　言

　　我国民办高校产生于办学主体多元化和高等教育市场化的社会背景下，民办高校的建立和发展丰富了我国高等教育的办学体制，促进了高等教育由精英化向大众化的转变，对我国高等教育发展做出了积极的历史贡献。对于民办高校而言，完善内部治理结构是现阶段我国社会发展对民办高等教育改革的必然要求，也是民办高校实现"双一流"的战略目标、实现高质量发展的应然之道。

　　构建大学内部治理结构是现代大学制度使然，集中反映出内部治理的科学化程度和水平。民办高校内部治理结构要在事关切身利益的各个不同群体之间建立有利于民办教育科学健康发展的权利配置机制，尊重董事会、党组织、投资者、校长、教师以及学生等群体的合法治理地位，形成科学合理的责任、权利、利益分配体系，使不同权力之间产生有效制衡，辅之以配套健全的决策、执行、监督机制。民办高校要以共治为手段，以实现善治为目标，力求达到治理的工具理性和价值理性的统一。

　　B学院在创建和发展的十六年历史中，内部治理结构对学院发展起了至关重要的作用。B学院的内部治理结构经历了"分权—集权—分权"的变化过程，其中集权式的内部治理结构引领了大部分发展历史。从整个发展过程来看，B学院内部治理经历了企业化效益与大学教育质量之间此消彼长的博弈过程，内部治理结构呈现曲折螺旋式规范和发展的特点。民办高校的内部治理实行董事会领导下的校长负责制，在价值信念、系统结构、运行机制等方面具有独特的做法。这种独特的治理模式成因在于生存寻利性与教育公益性之间的博弈、治理的工具理性与价值理性之间的博弈、管理者决策地位与实际能力之间的矛盾。B 学院在其发展过程中经历了一个艰难的探索过程，对这个过程进行总结和反思，对于民办院校完善内部治理结构具有重要借鉴意义。

民办高校以共治求善治的治理策略包括利益是民办高校内部治理结构改革的逻辑起点、价值认同是民办高校内部治理结构改革的行动基础、运行机制是民办高校内部治理结构完善的重要保障三个内容，这三方面组成了以共治求善治策略的基础。基于此，在完善内部治理结构的过程中，民办院校要转变治理观念，用大学精神引领民办高等教育事业发展；加强机构建设，用科学组织体系优化治理过程；强化治理制度，用现代大学制度规范治理行为；完善治理机制，用有效权力机制保障治理质量等四方面完善内部治理结构的具体路径选择。

目 录

绪　论

第一节　问题的缘起

自 20 世纪 90 年代以来，我国的民办高校在《中华人民共和国民办教育促进法》《中华人民共和国民办教育促进法实施条例》的引导和规范下，逐渐形成了具有一定规模的办学体系。作为我国高等教育体系中一股新生的力量，民办高校现在已经成为我国高等教育事业的重要组成部分。2017 年教育部网站公布的《2016 年全国教育事业发展统计公报》的数据显示：2016 年我国有民办高校 742 所（包括独立学院 266 所），全国普通高校 2 596 所；当年在校生人数为 634.06 万人，全国高等学校本专科在校生人数 2 695.84 万人。"① 从数据中可以看出，民办高校的数量和在校生人数已占我国高等教育总量的五分之一多。（民办高校占全国普通高等学校总数的 28.58%，民办高校在校生人数占全国高等学校本专科在校生人数的 23.52%。）

我国民办高校是在办学主体多元化和高等教育市场化的社会背景下产生和发展起来的。"传统的由政府包揽高等教育的做法使我国高等教育面临诸多困难，教育资源投入难以满足人民群众日益增长的高等教育需求，既有规模难以支撑高等教育由精英化向大众化迈进，整个高等教育系统创新乏力，

---

① 教育部 .2016 年全国教育事业发展统计公报 [EB/OL].[2017-07-10].http://www.moe.
gov.cn/jyb_sjzl/sjzl_fztjgb/ 201707/t20170710_309042.html.

不能适应社会发展的需要。"① 由此，高等教育领域亟须引入多元办学主体，以社会资本力量注入为特征的民办高校步入高等教育历史舞台。另外，市场经济发展使我国高等教育也有教育市场化的趋势，"强调选择、多元、竞争、需求主导型经费筹措（demand-driven funding）以及自决（self-determination）等基本的市场原则在教育领域的凸现。"② 高等教育本身也引入了大学排名等竞争机制，注重规模效应的外延式发展思路使政府和大学采用产业方式进行大学规划和管理，很多大学纷纷开始举办独立学院、校办企业，用企业式的市场化运作的思维追求办学效益。

民办高校的建立和发展丰富了我国高等教育的办学体制，促进了高等教育由精英化向大众化的转变进程，对高等教育整体发展做出了积极的历史贡献。与此同时，民办高校自身在发展进程中也遭遇了种种困难、挫折和问题，社会、政府受传统观念的影响，认为民办高校仅仅是公办高校的补充品和附属品，其社会地位和知名度远远不如公办高校。政府的扶持政策与公办高校相比，如土地划拨、金融机构贷款、教师职称评定、社会保障、人事档案管理、科研课题项目申报等具体政策也存在歧视民办高校的现象。在内部管理方面，教育质量低下、师资流失加剧、财务负债突出、学术失范严重、公共信任危机等管理困境和现象仍然存在。

党的十九大报告指出，要"支持和规范社会力量兴办教育"，表明党和国家一如既往地支持民办教育并肯定以往的成绩，同时表明民办教育进入提升质量的规范性办学阶段。2016 年 11 月 7 日，第十二届全国人民代表大会常务委员会第二十四次会议审议通过了《关于修改〈中华人民共和国民办教育促进法〉的决定》，标志着民办教育分类管理制度得到法律规定，正式步入实施阶段。高等教育"双一流"战略的实施也给民办高校发展提出了更高的要求。在这样的时代背景和社会形势下，我国的民办高校面临着巨大的治

---

① 张兴 . 高等教育办学主体多元化研究 [M]. 上海：上海教育出版社，2003：42.
② WOODS P A, BAGLEY C, GLATTER R. *School Choice and Competition：Markets in the Public Interest*[M]. London& New York：Routledge，1998：138.

理压力，内部治理结构改革也面临着重大的挑战。当下，民办高校只有审时度势，积极适应新的时代诉求和新的时代变化，才能在新一轮的高等教育发展中赢得自己的一席之地。

基本上所有民办高校都已经认识到了内部治理结构改革的重要意义，"双一流"战略实施带来的日益激烈的高等教育竞争使民办高校面临着巨大的治理结构改革压力，事实表明，很多民办高校也正行进在内部治理结构改革的破冰之旅上。我们不可能漠视大学的社会化带来的民办高校的诸多变化，民办高校正在高等教育社会化的过程中接受着不小的挑战和洗礼，政治、经济、文化等社会资源都对民办高等教育具有巨大的推动作用，不同社会资源也具有不可替代性，民办高校表面风平浪静的同时，内部涌动着多变的暗流，改革进程依然面临诸多风险。

如何结合实际进一步消除制约民办高校发展和创新的体制机制障碍，完善民办高校内部治理结构，使民办高校规范办学行为、提高办学质量是具有重大理论和实践意义的研究课题。然而理论界对于民办高校内部治理结构的研究却不够多，也不够系统深入，真正涉及民办高校诸多利益主体之间的关系，探讨内部治理结构存在的问题以及使其能够决策科学、有效运转的机制的系统性研究成果还不多见。从实践方面来看，我国的民办高校面对日益激烈的高等教育竞争，欲取得更大的进步，发挥它更大的功能和效应，完善内部治理结构的问题却又是不容回避的，也是破除当前发展困境、实现可持续发展的必然选择。

基于此，本书试图从完善内部治理结构的角度入手，结合我国的现实国情和历史背景来探讨民办学校的内部治理问题。

第二节　研究的目的和意义

　　本书在力争吸取以往大学治理研究的经验基础之上，以教育治理理论为基础，对民办高校现存的发展问题和生存困境进行系统的分析研究，从治理的民主化、科学化、法治化等要求和治理现代化的理论视角，着重探讨参与民办高校治理的各利益相关群体的合理治理角色定位，论证在民办高校实行共同治理的可能性与运行机制，借助内部治理结构的完善和优化策略的提出为民办高校的发展和治理改革提供具体的参考和建议。

一、研究目的

　　本书的目的在于通过梳理教育治理现代化、利益相关者等相关理论，在对中国民办高校发展的现实历史背景充分认知的基础上，总结分析民办高校内部治理中存在的突出问题，深入探讨其形成原因，并以教育治理的相关理论为切入点，提出相关的制度改革和政策建议。基于实地调查研究，本书以西北地区民办高校中具有典型代表性的 B 学院的内部治理结构演变、困境和改革尝试为个案，通过 B 学院内部治理中的实际治理案例进行分析研究。研究的目的具体来说有以下几个方面。

　　其一，在整理国内现有对民办高校内部治理结构研究文献和综述的基础上，了解当前民办高校发展的现状及制约内部治理结构完善的因素，掌握当前国内关于民办高校内部治理结构的研究走向。

　　其二，运用教育治理和利益相关者等理论分析影响民办高校内部治理结构的观念、制度和文化等具体因素。

　　其三，对影响民办高校发展的内部治理结构的权力运行机制问题进行分析，并针对这些问题提出对完善民办高校内部治理结构的具体发展策略和政策建议。

其四，结合治理现状，分析影响我国民办高校内部治理结构完善的因素和现实困难，结合最新的党和国家关于民办教育分类登记管理等政策实施变化的历史背景，为民办高校提升办学质量提出建议和指明改革方向。

其五，通过研究构建民办高校内部治理结构完善的相关策略，为民办高校管理者和政府管理部门制定和改进民办高等教育政策制定提供理论和实践依据，支持创建有利于民办高校健康发展的政策氛围和制度环境。

二、研究意义

随着我国高等教育综合改革的深化和"双一流"建设战略的深入推进，争取创办一流水平的民办高校和一流水平的学科成为民办高校下一步改革和发展的方向。而对于自身治理来说，内部治理结构问题日益成为制约民办高校争创一流的关键问题，内部治理水平和治理结构的完善程度将会直接影响民办高校的办学质量和综合竞争力。对于民办高校而言，完善内部治理结构是现阶段我国社会发展对民办高等教育改革的必然要求，也是民办高校实现"双一流"的战略目标、破解人治管理体制危机的应然之道。

民办高校如何适应高等教育的快速发展，接受新时期的竞争压力和挑战，在发展战略方面不断提高教育质量，规范办学行为，已经成为当前所有民办高等教育发展必须面对的战略选择，对这个问题进行深入研究具有重要的理论价值和实践意义。

（一）理论意义

从理论层面上来看，在现阶段社会转型时期，民办高校的内部治理结构研究对丰富我国高等教育理论尤其是大学治理理论有着重要意义。

第一，引入以共治、善治模式为主的治理理论，对创设有利于民办高校发展的治理制度安排和环境，有利于丰富我国的高等教育管理理论和现代大学制度理论体系，以大学组织治理的相关理论来丰富不同社会组织的治理理论，提升治理理论的适切性。

第二，完善民办高校内部治理结构的研究有利于为民办高校确立办学定位，为民办高等教育的人才培养模式改革提供理论支撑。民办高等教育与公办高校在功能实现、办学体制等方面究竟有何不同，如何充分发挥其特有的机制特点达到各有所长，就要对各自的培养目标进行科学合理的理论分析，做到有针对性的改进。

第三，针对当前民办高校发展中存在的治理问题进行分析，为下一步科学治理和质量提升提供理论框架支撑。现阶段民办高等教育已经由原初的注重规模扩张的粗放式发展转向以质量提升为主旋律的内涵式发展阶段。在相对较短的办学历史中，大部分民办高校都是怀着强烈的问题忧患意识，以办学机制的灵活性优势迅速发展壮大起来的。如何应对国家分类管理制度实施的重大政策调整，面对新的挑战和机遇，迎难而上，变压力为动力，以全新的治理理念和完善的内部治理结构继续发扬民办高校应对政策调整快、执行效率较高的优势，为民办高等教育事业改革指明方向，提供理论指导。

第四，有利于拓宽民办教育研究的视野，从理论方面加强民办高校自身与社会各界对民办高等教育的正确认识，树立科学的治理观，以现代大学的理念和精神指引民办高校的具体办学实践。

（二）实践意义

民办高校自身治理要充分调动内部不同治理主体对治理参与的积极性和主动性，同时要保障其参政议政的具体机制。从实践层面上来说，本书有助于民办高校从实践出发，厘清内部治理力量，以共治机制的建立提高各治理主体的治理能力和水平。本书的调查研究资料来自我国经济发展相对落后的西北地区的民办高校，该个案对于经济欠发达地区民办高等教育如何治理构建了具有可行性的策略框架，为个案学校的发展提供了可操作的治理改进建议，对西北地区尤其是 G 省的民办高等教育的质量提升和规范办学提供了制度和政策改进建议，进而对个案调查学校 B 学院乃至西北地区民办高校的改革发展起到积极的促进作用。同时，本书对于提升大学治理理论的适切性和指导我国民办高等教育办学实践具有一定的借鉴意义。

第一，通过对有关民办高校内部治理结构的研究，有利于民办高校在内部治理过程中理顺各利益相关者的关系，充分调动社会力量投资办学的积极性，使民办高校在教育规律和企业规律的博弈中重新认识民办高校的教育组织本质属性，保持民办高校实现有效治理，提高办学质量和水平。

第二，借鉴对研究个案制度建设的相关建议，对实际情况不同的各民办高校提供实践引导方案，规范不科学的办学行为，提高整个民办高等教育的社会知名度。同时为内部治理结构运行良好的民办高校明晰路径，为内部治理结构运行不合理的民办高校提供有效改革建议。

第三，本书也可为政府教育管理行政部门提供制定配套政策的参考，有利于政府管理者了解民办高校治理实情，提高管理者的问题意识和危机意识，提升政府管理行为的针对性和实效性。

第四，对于西北地区高等教育管理体制改革与制度创新，提升民办高校办学水平，探求科学发展之路，实现民办高校可持续发展有一定的实践意义。

第三节　理论基础

一、教育治理现代化理论

党的十八届三中全会定下了推进国家治理体系和治理能力现代化的总目

标，也为我国教育领域的改革发展提出了新的要求。2014 年，全国教育工作会议中提到"深化教育领域改革，加快推进教育治理体系和治理能力现代化"，这是我国正式将教育工作的目标定位于教育治理现代化的理论和实践。

德国理论物理学家赫尔曼·哈肯提出的协同学理论强调"人"所处的系统各要素之间"联结"的重要性，为教育治理现代化提供了重要的方法论基础；库尔特·勒温提出的群体动力学理论认为社会个体在合作性群体中具有较强的工作动机，群体目标结构导致人际吸引，形成动态的、多样化的、现实的合作观，不仅为教育治理现代化提供了方法论，还为教育治理现代化阐明了群体行动目标的重要性；教育生态理论将教育置于生态系统理论的视角加以研究，为解决教育问题提供了新的思路与方法；尹达认为马克思主义人学理论强调"人"的主体功能和价值，为教育治理现代化提供了重要的动力来源。这些理论为教育治理现代化提供了很多有益的启示，成为教育治理现代化的理论依据。

实现教育治理的科学化、民主化、教育化和法治化，倡导主体协同教育，构建健康有序的教育治理体系成为教育治理现代化的重要任务。教育治理现代化的体系构建是教育治理现代化的前提，应遵循教育治理科学化、民主化、教育化和制度化的原则，构建一个强有力的理论体系，以加快教育治理现代化的步伐。教育治理现代化的体系构建，包括教育治理体系的构建和教育治理能力的现代化。"教育治理体系"主要由治理结构和治理机制构成，前者明确了各主体之间的责权配量，后者致力于通过一定的方法和制度安排来协调各权力主体之间的关系，以保障各主体担负、行使和享有应有的责任和权力。"教育治理能力现代化"主要指教育管理理念、教育管理体制、大学办学模式以及教育评价机构都要实现现代化，它是指要把治理体系的体制和机制转化成一种能力，并发挥其功能，从而提高公共治理能力。这两者密切联系，相辅相成，前者是制度建设，后者是制度执行，制度建设具有本质属性，是体制性"硬件"的更换，只有实现了教育治理体系的现代化，才能实现治理能力的现代化。同时，治理能力又反作用于治理体系，政府能力的大小与执政者行使职能、权力、责任的配量合理与否直接对治理结果产生积极或消极的影响。

教育治理现代化作为推进国家治理体系和治理能力现代化的一个方面，自提出以来，学者们相继对其进行了各方面的研究。在理论方面，教育治理现代化经历了从最初宏观上提出教育治理体系和治理能力的现代化，到教育治理体系和治理能力的具体分析，再到将教育治理体系和治理能力现代化深入各个教育阶段，又到从各个方面寻找突破口实现教育各层次的教育治理现代化的过程。现阶段对高等教育治理现代化的问题、困境和解决路径研究较多，提出了以高等教育治理现代化、信息化、以县为主的管理体制等方法为突破口实现教育治理现代化，对基础教育治理现代化的研究仍主要集中在实现教育治理的科学化、民主化、制度化和法治化的研究，没有突破性的进展。在实践方面，教育治理现代化的实践探索主要集中在北京、上海等地区，有待进一步推广，实践的效果有待采取有效的机制进行评估。

二、利益相关者理论

利益相关者（Stakeholder）理论是 20 世纪 80 年代出现的企业管理理论，在美国、英国等长期奉行外部控制型公司治理模式的国家中逐步发展起来。美国经济学家弗里曼将利益相关者定义为"组织中有能够影响企业目标实现，或受企业目标实现影响的团体和个人"[①]。1984 年，弗里曼在其专著《战略管理：利益相关者管理的分析方法》中提出了利益相关者理论，该理论的核心内容是各个利益相关者的投入与参与决定着一个企业的发展，企业追求的是各个利益相关者的整体利益，而不仅仅是单个主体或者部分相关者的利益。

把利益相关者理论应用于高等教育领域的学者是美国哈佛大学文理学

---

① FREEMAN R E. Strategic Management: A Stakeholder Approach[J]. *Journal of Management Studies*, 1984, 29（2）: 131-154.

院院长亨利·罗索夫斯基。他在《美国校园文化：学生·教授·管理》(*The University*: *An Owner's Manual*) 一书中将大学的利益相关者的重要程度划分为四个层次：第一个层次，即教师、行政主管和学生是最重要的群体；第二个层次，即董事、校友和捐赠者是重要利益相关者；第三个层次，被称为部分影响者的利益相关者；第四个层次，是大学利益相关者中最边缘的一部分，即市民、社区、媒体等。[①]罗索夫斯基运用利益相关者的理论框架，提出如何在满足利益相关者利益的基础上有效管理大学、办好大学。

利益相关者理论指出，企业与组织目标的达成和发展离不开各利益相关者的共同参与。大学作为一个典型的利益相关者的非营利性组织，其学术研究、知识传承及服务社会等目标的实现需要政府、社会等外部利益相关者的共同参与。借鉴我国学者胡赤弟、李福华等不同的划分方法，根据各利益群体在民办高校发展过程中的地位和作用的重要程度，将民办高校利益相关者划分为四个层次：第一个层次即主导利益相关者——政府；第二个层次即核心利益相关者——学生；第三个层次即关键利益相关者——教师、出资者、管理人员；第四个层次即边缘利益相关者——企业和社区。[②③④]

① 罗索夫斯基.美国校园文化：学生·教授·管理 [M].谢宗仙，周灵芝，马宝兰，译.济南：山东人民出版社，1996：5.
② 胡赤弟.高等教育中的利益相关者分析 [J].教育研究，2005（3）：38-46.
③ 李福华.利益相关者理论与大学管理体制创新 [J].教育研究，2007（7）：37-39.
④ 刘颂.民办高校治理机制研究：基于利益相关者的视角 [J].扬州大学学报（高教研究版），2008（3）：18-21.

第四节　概念的界定

一、民办高校

"民办高校"即民办高等学校,该词在我国最早出现于 1993 年 8 月 17 日。国家教委颁布《民办高等学校设置暂行规定》,该规定的第二条指明,"民办高等学校系指除国家机关和国有企业事业组织以外的各种社会组织及公民个人,自筹资金,依照本规定设立的实施高等学历教育的教育机构",也就是说那时候传统的高校以政府投资和社会投资为区别,有了公办高校和民办高校的分类。

目前学界对民办高校的界定有不同的观点。第一,按照学校的办学机制界定,认为学校的所有权归属于社会投资主体但经营权属于国家的高校便是民办高校;第二,按照经费投入的来源界定,以除国家和政府之外的社会资本投入建立的高校都属于民办高校;第三,按照建立高校的产权归属来区别,认为学校的产权和财产权属于社会力量为主的办学者的高校属于民办高校;第四,按照经费投入和办学主体两方面界定,认为学校资金由社会力量投入或高校自筹的形式为主,并且由除国家和政府以外的社会组织或个人举办的学校都视为民办高校。

以上关于民办高校的具体界定是不同学者对民办高校概念或范畴的不同解读,当然,对现今数量和规模已超过高校总量的五分之一的民办高校来说,由于其社会化运作的本质,742 所民办高校各有其建立和创办的社会条件、制度文化和专业设置、投资者办学能力等外部和内部因素的差异,因此,很难以寥寥数句归纳来覆盖所有不同学校的办学实际情况。

民办高校从本质来说是从事高等教育活动的组织，人类历史上存在多年的大学是民办高校的模板，民办高校具备大学的组织属性和管理特征，同时具有大学功能实现的要求并符合教育公益性的原则。大学是从事公益性教育事业的高校组织，不论办学机制有怎样的不同，也不论资本注入方式为何，大学的创建和运行管理都要遵从教育活动的相关规律，将人的发展作为组织追求的目标。这也是民办高校与公办高校的组织共性。

对民办高校的概念和范围的界定，我们需要从组织的本质属性及其特有的教育公益性特点出发，从两方面分析其基本内涵。其一，民办高校是以国家相关高等学校设置的法理标准来举办的从事高等教育的教育组织机构。其二，民办高校的举办主体是社会力量，这一点与传统的公办高校有所不同，凡是以国家和政府以外的社会组织投资为基础、以社会资本为主要经费来源的高等学校就是民办高校。

民办高校是一种以公益性为本质属性的提供教育服务的组织，我国民办学校普遍是以学生缴纳的学费为主要收入来源。其具有以下特征："一是办学主体的社会性，即办学主体为非官方的企业事业组织、社会团体、其他社会组织或个人；二是办学资金的自筹性，即学校经费一般主要来自提供教育服务的收益、学校的经营性收入、社会或个人捐资、政府资助等非国家财政性经费；三是办学的相对自主性，即学校具有相对灵活的办学自主权，表现为自主经营、自我管理。"[①]

民办高校是从事民办高等教育的高校组织。目前，我国民办高校可分为独立学院和独立设置的民办高校两大类。截至 2017 年 7 月，我国共有 266 所独立学院和 476 所独立设置的民办高校，具体分类如图 0-1 所示。[②]

---

① 成有信.我国民办教育的性质和主要办学领域 [J].教育研究，2000（5）：43.
② 史秋衡，吴玫，游淑芬，等.中国大陆民办高校的分类与评估 [J].民办教育研究，2005（2）：5-10.

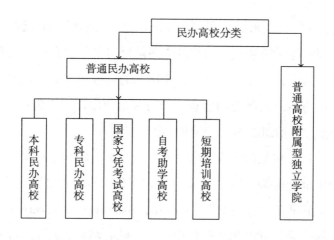

图0-1　民办高校的分类

以此分类标准，我国民办高校主要有两大类：一类是具有国家审核通过的办学资质、颁发同公办高校一样的本科、专科或研究生学历的资格；另一类是从事自考、函授等的助学机构，不具备国家计划内统招资格。本书中所指的民办高校包括上述第一类中的本、专科民办高校和普通高校附属型独立学院，即本书所陈述的民办高校特指以独立学院办学形式和本、专科层次独立设置的从事高等教育活动的学校组织。

二、治　理

"治理"原指社会、国家的政治管理，如"贞观之治"。作为动词，也指整治灾乱，如"大禹治水"。早在几千年前，我国就有治理一词相关使用的记录了，《礼记·大学》中提出"修身、齐家、治国、平天下"，表明古人早以治理的智慧和技术管理国家和社会事务。英文中的"governance（治理）"一词源自希腊词汇"steering"，具有"掌舵、操纵、指导"的意思。①它同时与"government（统治）"交互使用，使用范围主要存在于西方社会公共事务的管理。

---

① 　梅慎实.现代公司机关权利构造论[M].北京：中国政法大学出版社，2000：164.

20世纪90年代以来，治理理论不断丰富，"治理"相继被引入经济学、政治学、伦理学等学科领域，治理的表述随处可见。罗茨详细地列举了六种关于治理的不同定义，分别是作为最小国家的管理活动的治理、作为公司管理的治理、作为新公共管理的治理、作为善治的治理、作为社会——控制体系的治理和作为自治组织网络的治理。①

法国学者让·皮埃尔·戈丹曾指出："治理"并不是新词，它分别在人类历史上的中世纪时期、古典主义时期和现代出现。他详细考察了"治理"的词源演变：最早在中世纪末期，govern，government，governance三个词的意思是等同的，并且可以相互替代使用。伴随着演化，government形成了将统治的思想与等级化的权力、垂直和自上而下的指挥关系，以及以整齐划一的方式推行的意志等概念联系在一起的理念。而governance则从对社会进行观察和对人力、物力进行最初计算发展而来的实用知识开发、税务管理和司法的系统运作中演化出来。在近代，首先在关于组织尤其是企业的指导作用中开始使用"治理"一词，从此治理理念开始广为流行，其被用于各个知识领域，但直到20世纪90年代中期，治理才真正进入其"第三次生命阶段"，并且进入公共政策分析领域。词汇史和各学科史研究表明，治理观念有多条发展途径，其交汇点归结到权力机构的实用指导，促使传统的统治方法向实证方法和实践知识发展，并转化为一个关于"治理"的整体概念。②

从上述学科史和词源学的解读中可以看出，关于"治理"的概念目前还没有形成统一的定义，它涉及多学科、多层面和不同意义上的使用，很多学者界定的"治理"的定义是不同的。本书中所指的"治理（governance）"的典型特征是多元主体参与的共同治理，即共治，共治是实现治理现代化的路径，善治（good governance，直译为"好治理"）是理想目标，具体可以从以下几个方面来阐述。

第一，治理的主体是什么。传统的治理大多与统治一样，它的主体是集

① 罗茨.新的治理[J].马克思主义与现实，1999（5）：42-43.

② 戈丹.何谓治理[M].钟震宇，译.北京：社会科学文献出版社，2010：13.

权式的强制力量，如君主专制，而从现代治理的特点看，治理主体趋于多元化，两个或两个以上的部门或组织都可成为治理的主体。对高等教育来说，政府不是唯一的治理主体，社会力量也是治理主体。不仅代表政府治理意味着一系列来自政府但又不限于政府的社会公共机构和行为者。[①]

第二，治理的目标是什么。治理就是解决问题，正如治病一样，求医问药的目标是将病治好，因为有病所在才治，治好病也是目标。作为任何一个社会组织，在社会转型的过程中，面临多元化的价值观念和准则，内部管理中或多或少存在积弊和问题，治理就是要有效解决这些积弊，达到组织有效运行的目标。因此，民办高校内部治理需要找到实践中存在的影响和制约学校发展的积弊和不足，通过治理结构改进，解决改革发展的不利条件。

第三，治理的对象是什么。对治理对象的分析是构成科学治理体系的基础。充分了解治理对象的本质、发展特点，按照科学的组织规律改进现有的运行不足才能构成合理有效的治理。对民办高校来说，治理的对象是具有大学组织属性的学校管理观念和体制，需要以大学精神为指引，教育规律为基础，改革既存的不合理管理现象和权力机制。

第四，治理的性质是什么。在政治学的国家和社会组织治理理论中，政府需要做出具有科学制度基础的治理方案，以改进组织问题，提升质量；对企业的治理强调的是产权的遵从，为实现管理效益而制定的一套责、权、利机制。从以上治理的过程和形式来看，治理本质上不是一整套规则，也不只是一种机制，而是涉及各相关部门之间相互协调的一个持续的互动过程。[②]因此，治理包括静态的治理结构呈现，也包括动态的权力运行和制衡。

治理并不是政府或公司的专用领域，一切组织领域都需要治理。[③]治理是所有社会组织实现组织目标的必经之路，民办高校也不例外。

---

① 吴昕春.治理的层次及其基本内容[J].安徽师范大学学报（人文社会科学版），2003（3）：315-320.

② 金锦萍.非营利法人治理结构研究[M].北京：北京大学出版社，2005：32.

③ 刘春湘.非营利组织治理结构研究[D].长沙：中南大学，2006.

第五节　文献综述

一、大学治理的相关研究

随着治理理论研究的不断深入，治理理论也开始广泛渗透到其他的社会科学领域，包括政治学、经济学、管理学、教育学等学科。作为高等教育学界的一个专业术语——大学治理（university governance）一经提出，便受到了学界的热议，在学术使用上也开始司空见惯。随着社会的发展，现代大学成为社会功能越来越强大、结构越来越复杂的社会机构之一，为了能够更好地彰显大学的社会职能，改进和完善大学治理结构成为高等教育普遍关心的话题。欧洲学者普遍认为"大学治理"一词最初来自美国。[1]学界也普遍认为，科尔森的《大学和学院的治理》是美国第一本探讨大学治理问题的专著。

随着现代社会高等教育规模的不断扩大，高等教育呈现出大众化的发展趋势。西方学者不断致力于高校问题的研究，这些理论和分析框架的引入，对我国高等教育改革的相关理论，包括高校的本质属性、组织结构等都具有重要的引导和启发作用。例如，布鲁贝克对高等教育本质从认识论和政治论的角度进行的双重分析[2]；弗莱克斯纳关于现代高校观的阐述[3]；克拉克·克

---

[1] DE GROOF J, NEAVE G. *Democracy and Governance in Higher Education*[M]. Netherlands: Kluwer Law International, 1998: 8.

[2] 布鲁贝克. 高等教育哲学[M]. 王承绪, 郑继伟, 张维平, 等译. 杭州：浙江教育出版社, 1987: 10.

[3] 弗莱克斯纳. 现代大学论：美英德大学研究[M]. 徐辉, 陈晓菲, 译. 杭州：浙江教育出版社, 2001.

尔提出的多元化巨型高校之概念^①，认为美国的高校自 1920 年以来便进入了高校被行政管理人员统治和管理的时代，高校管理体制的科层化及管理行政人员的专业化使大学成为一台"复杂的官僚机器"。

西方关于大学治理的研究主要集中于从组织学、管理学的角度，对大学的组织和管理进行分析。最早将组织理论应用于高校组织的研究，开始于 20 世纪 60 年代，认为高校组织很多方面的特征与企业和政府等科层组织具有一定的相似性，因此运用管理企业和政府的方式管理高校是可行的。^②同时，与企业管理相比较，西方针对学校管理的特征、管理的类型、管理者（主要是校长）的素质、管理的方式（包括行政管理和学术管理两方面），对高校管理问题展开研究。^③但罗纳德·科温（Ronald Corwin）认为，上述理论偏理想化、简单化和片面化，对于高校内部存在的二元权力结构（科层权力和专业权力）的特性无法进行有效的说明和解释。^④科温之后，教育组织的二元权力结构特点得到学者们的关注和认可，成为分析高校权力结构特征的一个重要方法。伯顿·克拉克将学校内部权力分解为行政科层权力和学术权力，强调学术权力是高校组织中的基本权力。^⑤伯顿·克拉克关于高校组织的研究对我国学者影响颇深，在他的《高等教育系统：学术组织的跨国研究》一书中，将高等教育系统看成是一个由生产知识财富的群体构成的学术组织，以工作、信念和权力为高等教育的三个基本要素，并以此来分析高等教育之运行规律。^⑥

---

① 克尔. 大学的功用 [M]. 陈学飞，陈恢钦，周京，等译. 南昌：江西教育出版社，1993：9.
② CORSON J J. *Governance of Colleges and Universities*[M]. New York：Mc Graw-Hill，1960：6.
③ STROUP H H. *Bureaucracy in Higher Education*[M]. New York：the Free Press，1966：23.
④ CORWIN, RONALD G. *Sociology of Education*[M]. New York：Appleton-Century Crofts, 1965：9.
⑤ 克拉克. 高等教育新论：多学科的研究 [M]. 王承绪，徐辉，郑继伟，等译. 杭州：浙江教育出版社，2001：2.
⑥ 克拉克. 高等教育系统：学术组织的跨国研究 [M]. 王承绪，徐辉，殷启平，等译. 杭州：杭州大学出版社，1994：6.

随着治理理论研究的丰富，治理理论也开始广泛渗透到了其他社会科学领域，包括经济学、政治学、管理学、教育学等学科。诚然，现代大学已经成为逐渐与社会具有广泛联系的、内部结构和权力运行越来越复杂的社会机构。为了能够更好地彰显大学的社会职能，基于改进和完善大学治理结构的大学治理成为高等教育普遍关心的话题。欧洲学者普遍认为"大学治理"一词最初来自美国①，大家公认科尔森的《大学和学院的治理》是美国第一本探讨大学治理问题的专著。大学治理的概念一经提出，便受到了学者们的广泛推崇。

在我国，普遍运用治理理论研究大学问题起步于 20 世纪末，涉及对民办高校产生以来大学的产权制度相关研究的，如张铁明、潘懋元、靳希斌、范先佐、宁本涛、高金岭、张万朋、李才、曹勇安、胡赤弟等；涉及治理结构及其相应的治理机制，如董圣足、李福华、明航等，此外还有相关高等教育法律法规、政策的研究。

我国学者针对社会转型时期高校所应具有的组织属性、组织结构设计、决策体制、行政管理和学术管理等进行了丰富深入的研究，如吴志功对企业的组织结构理论如何应用于高校的组织结构设计进行了研究，并提出了确定高校组织结构设计的多个原则；②别敦荣、张德祥在分析高校组织属性的基础上，讨论了高校的学术管理与学术权力问题；③④阎光才从广义的组织文化切入，描述、分析了高校中的文化现象，并阐述了高校组织的文化特性、价值和存在意义。⑤

值得注意的是，近年来新制度经济学兴起并发展起来，学者们利用经济学的角度来研究大学的治理问题，"产权""剩余控制者"等经济学概念被引

---

① DE GROOF J, NEAVE G. *Democracy and Governance in Higher Education*[M]. Nether lands: Kluwer Law International, 1998: 8.

② 吴志功. 现代大学组织结构设计 [M]. 北京：北京师范大学出版社，1998: 20.

③ 别敦荣. 中美大学学术管理 [M]. 武汉：华中理工大学出版社，2000: 32.

④ 张德祥. 高等学校的学术权力与行政权力 [M]. 南京：南京师范大学出版社，2002: 21.

⑤ 阎光才. 识读大学：组织文化的视角 [M]. 北京：教育科学出版社，2002: 56.

入大学治理的理论分析之中。崔玉平对高等教育领域内的制度，如学校组织形式、产权等制度的主要特点、变迁动因、发展阶段及模式等进行了研究；①曹淑江运用交易费用相关理论对教育制度和组织的性质、形成机理、制度边界等进行了研究，认为教育制度和组织的形成和演变的动力在于交易费用的降低。②

关于大学的治理结构问题，张维迎在《大学的逻辑》一书中指出："大学的目标、理念都不可能自动的（地）实现，需要建立一套完整的制度，而这些制度安排实际上就是大学的治理结构，就是大学的治理。"③依据此观点，大学的内部治理结构实际上就是大学为了实现自身的发展目标而在内部运作过程中，形成的一种划分各权力主体权责的制度措施。之后，有部分学者开始关注高校教师激励约束问题及相关的制度建设，这一部分研究以教师劳动合约的安排、工资合约的设计、绩效评价指标的设计和教师招聘及晋升方案的设计为主题。此外，还有一些学者重点分析了教师聘任期限、晋升及履约安排等方面的问题。④也有学者在国际比较的基础上，发现尽管各国的大学治理机制表现各异，但是从总体上看，当今世界各个主要国家的大学治理总体上说具有如下三种主要代表形式：公司管理化（corporate management）、学术联盟化（academic unionization）以及共同治理化（shared governance）。⑤

总的来说，目前关于大学治理的研究还处于起步阶段，整体研究成果大多是零散化、碎片化的，大都以经济学的公司治理理论、委托代理理论、组织理论、多行动中心理论等为基础，针对大学的产权、组织构造等方面进行

① 崔玉平.高等教育制度创新的新制度经济学分析 [D].北京：北京师范大学，2000.

② 曹淑江.教育制度和教育组织的经济学分析 [M].北京：北京师范大学出版社，2004：12.

③ 张维迎.大学的逻辑 [M].北京：北京大学出版社，2004：19.

④ 周黎安，柯荣住.从大学理念与治理看北大改革 [J].学术界，2003（5）：89-99.

⑤ 李纪明，王陆庄.国外高校治理模式比较及对我国民办高校的启示 [J].高等工程教育研究，2010（1）：44-47.

研究和讨论，相对缺乏对高校内部治理结构的系统分析，来自实证的调查研究和质性研究相对较少，缺乏对实际问题的聚集和解决。

从大学治理的现有研究成果来看，学界对大学治理的研究还存在以下不足之处：首先，对大学治理结构的研究更多的是从组织结构、权力类型等静态角度进行的研究，而且提出的策略和建议具有趋同化的特点，忽视了治理结构本身的动态性、权变性特点，诸如权力运行、规范等变化的研究较为缺乏；其次，过于注重从产权机制来研究大学治理，经济学的实证分析和基于政策法理的研究能够有效解决大学治理的相关法律问题，然而从人文学科角度尤其教育学的角度对大学治理问题进行研究的相对较少；最后，自组织结构等方面的大学治理研究与具体的办学实践结合得不够，具体表现为一致化的策略理论，很少能够根据大学之间的差异性，尤其是像结合西部欠发达地区的经济社会发展特征进行研究的则少之又少。

二、民办高校治理的相关研究

在中国知网（CNKI）1979—2016年1月期间以关键词"民办高校"进行搜索，能查到各行各业的研究达190 534篇之多，分别以主题"民办高校治理""民办高校内部治理结构"进行总库模糊搜索，相关文献资料在数量上的统计结果为1 369篇、282篇。纵观国内关于民办高校治理研究的相关著述，涉及民办高校治理的研究内容涵盖以下几个方面。

（一）民办高校发展历史的研究

不同学者根据我国民办高校产生发展的历史进程对民办高校整体发展做了历史划分，主要观点如下。

潘懋元认为："我国新时期民办高等教育从多年销声匿迹到悄然兴起、从无章可循到有法可依的历史，大体经历了以下三个阶段：1986年之前为孕育、萌芽、初创阶段；1987年至1991年为调整、规范、缓慢发展阶段；

1992年邓小平同志'南方谈话'解决了'姓资姓社'问题后，民办高等教育进入了发展与繁荣阶段。"①徐绪卿把我国民办高等教育的发展分为三个阶段：第一阶段是萌芽期，时间大致是从1978年年底到1991年年末。该时期民办高等教育办学的主要形式先是高考复习班，后转为自学考试助考。第二阶段是缓慢发展时期，时间从1992年到1998年，以邓小平的南方谈话为起点。第三阶段是快速发展时期，时间是1999年以后，以1999年6月第三次全国教育工作会议为起点。他认为，在这一时期，《中华人民共和国民办教育促进法》及《中华人民共和国民办教育促进法实施条例》的颁布和实施，确立了民办教育的法律地位。随后国家又下放了大专层次民办普通高校审批权限，民办高等教育开始朝着规范、健康、快速的方向发展。②这类观点普遍以办学历史进程中具有关键作用的标志性政策实施或会议为节点，不约而同地将我国民办高校的发展分为三个不同阶段。

董圣足、朱坚认为，我国民办高等教育复始于20世纪70年代末80年代初，40多年来伴随着国家改革开放的脚步而前行，围绕着以办学体制为重点的改革而成长，大致经历了萌芽恢复期（1978—1991年）、稳步成长期（1992—1998年）、快速发展期（1999—2005年）和调整规范期（2006年至今）。③邬大光、卢彩晨认为，中国民办高等教育的发展大致可以划分为五个阶段：一是萌芽期（1978—1983年），以1982年中华社会大学的创办为标志。这一时期，大多数民办高等教育机构只能说是"助学机构"；二是复兴期（1984—1991年），以1984年国家承认学历的第一所民办高校北京海淀走读大学的诞生为标志；三是快速发展期（1992—1996年），以邓小平的南方谈话为起点；四是规范发展期（1997—2002年），以1997年国务院发布的《社会力量办学条例》为标志；五是依法发展期（2002年以后），其标

①　潘懋元.关于民办高等教育持续发展问题的报告[J].黄河科技大学学报，2007（6）：1.

②　徐绪卿.我国民办高等教育发展回顾及中长期发展思路[J].浙江树人大学学报（人文社会科学版），2009（1）：4-9.

③　董圣足，朱坚.我国民办高校的内外部治理特征[J].现代教育管理，2010（8）：29-33.

志是 2002 年 12 月《中华人民共和国民办教育促进法》的颁布，及其后《中华人民共和国民办教育促进法实施条例》的出台。他们认为，《中华人民共和国民办教育促进法》有关合理回报这一规定的出台，是对我国以往大学理念和大学制度的重大突破，对我国民办高等教育的健康发展产生了重大影响。① 任芳提出了六阶段的论点，认为我国民办高等教育发展应分为六个阶段：第一阶段，萌芽兴起阶段（1978—1981 年），主要办学形式是初级职业技能训练与中等教育阶段的补习教育；第二阶段，初步发展阶段（1982—1986 年），以新的《中华人民共和国宪法》的颁布为标志，民办高校开始摆脱"培训班"模式，逐步向高等教育机构进行转化；第三阶段，调整规范阶段（1987—1991 年），以国家教委 1987 年颁布实施的《关于社会力量办学的若干暂行规定》为标志，民办高校开始辐射到全国各个地区；第四阶段，大力发展阶段（1992—1998 年），以邓小平南方谈话为标志；第五阶段，全面发展阶段（1999—2002 年），以第三次全国教育工作会议召开为起点；第六阶段：快速发展阶段（2003 以后），以 2003 年《中华人民共和国民办教育促进法》正式实施为标志。② 此类观点相比上述三个阶段的论述观点，是更为细化的发展阶段划分，体现了我国民办高等教育研究的深化。从研究者的角度来看，除一部分较为著名的高等教育学专家的总结论断外，较多的是从事民办高等教育实践工作的学校管理者的观点，这部分学者对民办高校的发展有更深的个人感情，其观点也明显对个体学校实践具有指导作用。

民办教育分类管理的制度实施是民办教育发展的重要契机。自《国家中长期教育发展规划纲要》明确实施民办学校分类管理以后，相关省份积极进行试点，成为我国民办高校发展的新阶段。2016 年 11 月 7 日，全国人大正式通过《中华人民共和国民办教育促进法》修改条例，明确在全国范围内实行民办教育分类管理制度，标志着分类管理制度正式经过前期试点、研究、

① 卢彩晨，邬大光.中国民办高等教育回顾与前瞻 [J].教育发展研究，2007（6）：1-9.
② 任芳，李子猷.中国民办高校发展问题研究综述 [J].西安欧亚学院学报，2011（1）：32.

论证，进入了实施阶段，民办高校的改革迎来了新一轮的春天。分类管理制度的实施进一步规范了民办教育市场，明确区分了营利性和非营利性学校，使民办学校能够自主确定发展方向，并加大了管理和规范的力度。下一步，民办高校该何去何从，亟待实践探索和研究。

对民办院校实施分类管理的措施和确定学校的性质划分标准，我国学者观点也各不相同。胡卫教授主张，"将民办高校分为准营利型、营利型和非营利型三种：捐资举办的属于非营利型学校。准营利型是指投资人不以营利为目的，但可获得适当回报的高校。营利型特指投资人以营利为目的实施各种教育培训服务活动，盈余由学校内部解决的高校。"① 徐绪卿教授提出，"将民办院校分为四类：举办者不求所有权的民办高校、举办者要求所有权的民办高校、举办者要求合理回报的民办高校、营利性民办高校。"② 赵应生、钟秉林和洪煜认为，"凡不要求合理回报的民办学校，不论办学主体是谁，一律视为非营利性民办学校；反之，则视为营利性民办学校。"③ 黄新茂将非营利性学校界定为："①不以营利为宗旨；②举办者不享有办学结余资产的所有权；③终止时，归还举办者投入后的剩余资产用于发展教育。"④

综观以上关于民办高校发展阶段的论点，可以看出，大部分学者都是以民办高校办学形式变化或以政府法律及政策出台等明显标志来区分民办高校的不同发展阶段，不同的历史发展阶段对民办高校的理论认识也有所不同。总体来说，我国民办高校的创建、发展都是建立在现实合理性基础之上的，它的发展壮大有高等教育大众化、多元化、社会化等现实背景和原因。从这一点也可以看出，民办高校的发展历史较为短暂，办学探索历程较为艰辛，民办高校对高等教育的历史贡献是不可否认的。

---

① 胡卫.民办高校的发展与规范 [M].北京：教育科学出版社，2000：82.

② 徐绪卿.关于民办高校分类管理的思考 [J].教育发展研究，2011（12）：3.

③ 赵应生，钟秉林，洪煜.积极稳妥地推进民办教育分类管理：我国民办高等教育改革与发展探析：三 [J].中国高等教育，2011（10）：20.

④ 黄新茂.营利性和非营利性民办学校分类管理的若干思考 [EB/OL].[2022-10-28]. http：//mjy.xaiu.edu.cn/info/1012/1370.htm.

（二）民办高校内部治理结构的研究

任何社会组织都有治理问题，民办高校也不例外。因此，闵维方认为，"民办高校是一种组织，因此它也存在治理问题。"① 与世界其他发达国家的私立高校不同，中国大多数民办高校有出资逐利性、发展时间短、竞争呈现弱势、相关制度环境欠缺等特点，使得中国民办高校治理机制生成过程中有其特质性。② 对于按照市场机制发展起来的民办高校，其治理结构的构建和完善对教育规律和经济规律的平衡起着关键性的作用，因此对民办高校而言治理问题更显得重要和迫切。③ 民办高校内部治理的研究主要包括以下三个方面。

1. 民办高校内部治理结构的重要性论述

在民办高校内部治理结构的相关著述中，钟秉林、徐绪卿、杨德广等专家学者从不同角度论述了我国民办高校内部治理结构在民办高校发展中的重要性。徐绪卿指出，"系统研究民办高校内部治理问题……不仅能提高民办高校的管理效率，促进民办高校内部的良性运行，而且对于促进公办高校内部治理模式改革，完善现代大学制度，也具有重要的参考价值。"④ 钟秉林则认为，民办高校要实现其历史使命，就必须改革内部治理体制和运行机制，理顺内部治理结构，完善制度建设，进而优化学校的决策机制，规范治理方式等。⑤ 杨德广认为，"内部管理体制改革是民办高校可持续发展的关键。"⑥

学界就民办学校的逐利性与教育事业本身的公益性的矛盾做了大量的讨论。以投资为办学目的的行为，决定了民办高等教育的发展面临两大矛盾：

---

① 闵维方.高等教育运行机制研究[M].北京：人民教育出版社，2002：10.
② 邬大光.我国民办教育的特殊性与基本特征[J].教育研究，2007（1）：1-5.
③ 苗庆红.民办高校治理结构的演变研究[J].中国高教研究，2005（9）：28-30.
④ 徐绪卿.民办高校内部管理体制改革若干问题探析[J].中国高教研究，2010（5）：56.
⑤ 钟秉林.我国民办高等教育发展若干重要问题探析[J].中国高教研究，2011（7）：8-10.
⑥ 杨德广.内部管理体制改革是民办高校可持续发展的关键[J].浙江树人大学学报（人文社会科学版），2012（6）：2.

一是学校的公益性与资本的寻利性的矛盾；二是效益与公平的矛盾。[①] 从教育的本质来看，对高等教育尤其是高等学历教育产品的提供，理想的模式应该是非营利组织模式。因为非营利机构这个概念的核心是所谓的不分配约束,[②] 这种组织形式才是纯粹意义上的社会力量办学，投向学校的资金是捐资行为而不是投资行为，没有预期的投资回报期和投资回报额的约束。

"回顾我国民办教育 20 余年来的办学历程和各种模式，我们不难做出这样一个基本判断，即我国民办教育的基本特征是投资办学，而不是捐资办学。"[③] 邬大光的调查表明，"我国约有 80% 的民办高校是投资办学，以投资为目的的创办者希望获得办学回报。"[④] 杨炜长在《民办高校治理制度研究》一书中对民办高校的治理问题进行了系统的研究，"民办高校的公共治理制度（外部治理结构）和法人治理制度分别是民办高校建设现代大学制度的关键和基础。完善的法人治理制度与公共治理制度是民办高校构建现代大学制度的核心，是民办高校改革的方向和必然选择。"[⑤]

2. 民办高校内部治理结构中存在的问题

治理研究中涉及的问题是研究治理问题、构架治理框架的起点和基础。纵观国内发表的关于民办高校内部治理结构的文论，都是基于具体管理中存在的实际问题，从内部、外部治理问题出发，从法理、制度管理等方面分析其不合理性，进而提出有针对性的策略建议。

针对以问题为导向的民办高校治理，很多办学者和从事民办教育事业的学者都从不同的教育实践中总结出很多内部治理问题，具体来说主要有以下方面。

首先，法人治理结构不足。民办高校内部管理体制主要是董事会领导下

① 陈磊. 中国民办高等教育 [M]. 武汉：武汉大学出版社，2008：9.

② ANHEIER H K. *The Study of Nonprofit Enterprise*：*Theories and Approaches*[M]. New York：Kluwer Academics/ Plenum Publishers, 2003：3.

③ 邬大光. 我国民办教育的特殊性与基本特征 [J]. 教育研究，2007（1）：3.

④ 邬大光. 我国民办教育的特殊性与基本特征 [J]. 教育研究，2007（1）：3.

⑤ 杨炜长. 民办高校治理制度研究 [M]. 长沙：国防科技大学出版社，2006：27.

的校长负责制。就这一管理制度而言，陈宝瑜、李国乔调研了全国范围内的 39 所民办高校后，发现在这些民办院校中（按 37 所计算），建立董事会的有 27 所，占被调查院校的 73%；未建立董事会的有 10 所，占 27%。在 27 所已建立董事会的院校中，有 14 所建立了校委会，占 38%；其余 13 所未建立校委会，占 35%。未建立董事会但建立了校委会的院校有 4 所，占 11%；既未建立董事会，也未建立校委会的院校是 6 所，占 16%。调查表明，我国民办高等学校建设、管理和发展的最大特色是多样化。这种多样化特点表现在多方面，如投资主体多元化、校产所有制多样化、管理体制多样化、办学形式和办学层次多样化，以及专业设置等方面的多样化，其中尤以举办和管理体制多样化最为典型。① 冯淑娟认为，"民办高校法人治理结构的不健全，影响了民办高校自我治理、自我发展、自我约束机制的形成，不符合民办高校作为非营利机构的组织原则，同时也不利于决策的民主化、公开化，这些会影响到民办高校健康、稳定和可持续发展。"②

其次，董事会人员结构不合理。这种观点的持有者是以国外私立高校董事会的多元化组成为借鉴的，如"据 1985 年的一项调查，在美国私立高等学校的董事会中，教师代表占 3.5%，校内管理人员占 1.3%，律师和法官占 5.9%，牧师占 14.3%，工商业界名流占 37% 以上"。③ 而在我国，在学校决策机构的人员组成中，举办方代表占了很大比重。有调查显示，"董事会成员中举办方代表在 3 ~ 5 人之间的学校占到了 55% 以上，举办方代表在 6 人以上（含 6 人）乃至全部董事会成员都为举办者及其代表的学校也占有一定比例。"④ 同时，"办学者往往在学校的重要部门（如董事会、财务处）安排自己的亲属，一些创办者计划自己退休后把位置留给亲属来继承。"⑤ 很少有教

---

① 陈宝瑜，李国乔．我国民办高等学校发展的多样化特征：39 所民办高校调研报告 [J]．黄河科技大学学报，2000（2）：17-26.

② 冯淑娟．民办高校法人治理结构的完善 [J]．教育发展研究，2008（4）：96.

③ 刘宝存．美国私立高等学校的董事会制度评析 [J]．比较教育研究，2000（5）：43.

④ 董圣足．我国民办高校法人治理问题研究 [D]．上海：华东师范大学，2010.

⑤ 阎凤桥．大学组织与治理 [M]．北京：同心出版社，2006：13.

职工代表以及校外独立董事进入民办高校董事会，有调查显示，"48.49% 的民办高校董事会成员中没有教职工代表，80% 的民办高校董事会成员中没有来自校外的独立董事。"① 这使得监督程度在深度和广度上都有所降低，有些董事便会产生松懈心理而不认真履行自己的职责和使命。

再次，内部权力普遍存在监管不到位。很多从事民办高校治理的学者和实际管理者通过调研都认为，民办高校存在工会组织或教职工代表大会等民主组织机构不健全的现象，使内部权力缺乏民主监督，甚至在许多方面存在着监督权力的真空地带。对实际掌握者权力监管不到位的问题，会使民办高校在办学和经营管理上的风险增大，甚至会出现学院董事长抽逃学校资金而导致学校破产的问题。目前许多民办高校的监督权弱化，内部监督机制缺失，使民办高校广大师生的权益无法得到充分保障。依法对民办学校内部治理、办学信息发布、招生收费行为、办学资金投入与使用、风险储备金管理等方面进行监管，可有效防控办学过程可能出现的政策风险、经营风险、财务风险和市场风险，保障民办学校健康发展。② 许多民办高校董事会形同虚设，董事会运作仅由一两名实力派成员掌握，这与董事会议事章程缺失有很大关系。因此，"应根据《中华人民共和国民办教育促进法》的规定，完善董事会议事章程，规范运行程序，加强会议召开程序、议事程序和决策程序的规范性、严肃性、公开性和透明度。"③

最后，家族式管理现象严重。有些民办高校未设立理（董）事会，仍沿用"家族式""家长式"的管理模式。柯佑祥认为目前民办高校都面临着办学者新老交替和管理人员的专业化问题。许多民办高校的办学者是原公立高校的老教师、老干部，现年事已高，需要将学校的经营管理交给年富力强的新人。因此，培训和锻炼后备办学者成为民办高校发展刻不容缓的头等大事。另一方面，民办高校中那种原始的家族式办学、粗放式经营模式已难以

---

① 董圣足.我国民办高校法人治理问题研究[D].上海：华东师范大学，2010.
② 车富川，唐越.民办学校办学风险的行政防控[J].现代教育管理，2011（5）：72-74.
③ 杨炜长.完善民办高校法人治理结构的现实思考[J].高等教育研究，2005（8）：51.

持续高效地发展，机构和人员精简也不再是民办高校的优势，经理人办学或专家式办学将可能成为越来越多的民办高校的发展模式。因此，建议"民办高校应配备适度规模的专职教师，实现管理人员的专业化"。[①]

上述部分问题都是学者在实际调研中发现的民办高校在内部治理中存在的实际问题，这些问题成了制约民办高校发展的根本问题，亟须在内部治理结构完善的过程中进行规避和革除。

3.完善民办高校内部治理结构的对策研究

针对目前民办高校内部治理存在的诸多问题，相关领域的学者也在不断探索其改善的路径。

学者普遍认为作为独立的法人实体，民办高校要做到规范管理和健康发展，就必须在举办者（出资人）、决策者、管理者和教职工等权益相关人之间建立一套有关运营与权力配置的机制或组织结构，即民办高校法人治理结构。"建立和完善法人治理结构，有利于民办高校实现校企分开和所有权与管理权的分离，有利于理顺复杂的管理关系，有效化解董事会与校长、公益性与营利性的矛盾冲突，保证办学者的精力集中投入，进一步稳定学校的秩序，在促进办学质量提高的同时，实现办学的社会效益或公益性的最大化。"[②]民办高校在构建法人治理结构时，必须牢固树立公益性办学思想，始终把追求社会效益放在学校发展目标的第一位。抛开社会效益去追求经济效益，在根本上违背了教育宗旨，而且不可能长久。"同时，民办高校法人治理结构应有'民办'特色，能体现市场化定位的原则。这样，民办高校才能形成自己的制度竞争优势，促进自身的持续健康发展。"[③]推动和促进民办高等学校更快更好地发展，关键在于建立健全民办高校法人治理机制。实行董事会领导下的院（校）长负责制是我国当前民办高校较为通用的法人治理模

---

① 柯佑祥.新时期我国民办高等教育的发展[J].高等教育研究，2002（4）：32.

② 冯淑娟.民办高校法人治理结构的完善[J].教育发展研究，2008（Z4）：96-98.

③ 杨炜长.完善民办高校法人治理结构的现实思考[J].高等教育研究，2005（8）：51.

式，然而"这一法人治理结构存在低效率的问题"。①

　　刘复兴认为，"在教育领域引入市场机制，只能是把市场机制的某些成分引入教育领域，建立教育的准市场制度环境。在教育领域引入市场的公平竞争机制和自由选择机制，建立弱势补偿制度，为学校之间的公平竞争提供制度环境。"②吉林华桥外国语学院院长秦和认为，"民办高校目前已经进入可持续发展阶段，大学文化是民办高校可持续发展的原动力；大学精神是民办高校可持续发展的内动力；高品位的校园文化是培养学生的大熔炉；学科文化是大学核心竞争力的基础；管理文化是可持续发展的助推力。"③他还认为，"民办学校唯有内涵发展，才能争取新的发展空间，而制约内涵发展的关键因素在教师。"④胡建波、王静认为，"建立现代大学制度，完善法人治理结构，深化高校内部管理体制改革是当前高等教育改革的重要内容，其中完善的法人治理结构是现代大学制度的本质特征之一，也是民办高校持续健康发展的重要保障。"⑤肖俊茹、王一涛认为，要完善民办高校法人治理结构，首先要优化民办高校董事会的成员结构，其次要理顺学校董事会、董事长、校长的关系，最后要建立并完善监督、监察机构等。⑥

　　教授治校的正当性源自西方现代大学文化传统，其合法性也具有深厚的理论积淀，教授治校的根基来自教授群体在学术上的天然优越性，而且也因为人力资源是大学最大的资源，人力资本是大学的核心资本。为此，哈佛大

①　刘根东，吴寒飞.X低（效）率理论下的民办高校法人治理研究 [J].中国高教研究，2011（7）：15-17.

②　刘复兴.市场条件下的教育公平：问题与制度安排 [J].北京师范大学学报（社会科学版），2005（1）：23.

③　秦和，唐余明.大学文化：民办高校可持续发展的原动力 [N].中国教育报，2009-10-13（11）.

④　秦和，潘跃整理.发展民办教育要破制度瓶颈 [N].人民日报，2015-05-27（19）.

⑤　胡建波，王静.民办高校法人治理结构问题研究与探索：基于西安欧亚学院案例分析 [J].陕西教育（高教），2015（1）：65.

⑥　肖俊茹，王一涛.论民办高校法人治理结构的完善 [J].现代教育科学，2011（1）：22-24.

学前校长德里克·博克曾做过经典论断："教师应该广泛控制学术活动。教师最清楚高深学问的内容，最有资格决定应该开设哪些科目以及如何讲授。最重要的是，教师必须是学术自由是否受到侵犯的公证人。"①李桂荣认为民办高校应当坚持教授治学，实现学术权力在民办高校管理中的特定价值。②

随着民办高校内部治理的问题日益扩大化以及各权力主体意识的增强，民办高校利益相关者问题也逐渐开始被引入内部治理问题中。尹晓敏认为，"从纵向角度来说，民办高校发展，基于利益相关者理论的共同治理模式将是制度变迁的方向。"③李福华在《大学治理的理论基础与组织架构》一文中指出，大学是一种典型的利益相关者组织，包括四个层次：第一层次，即核心利益相关者，包括教师、学生和管理人员；第二层次，即重要利益相关者，包括校友和财政拨款者；第三层次，即间接利益相关者，包括与学校有契约关系的当事人，如科研经费提供者、产学研合作者、贷款提供者；第四层次，即边缘利益相关者，包括当地社区和社会公众等。杨炜长指出，民办高校涉及政府、社会、学校举办者、学校教职工、学生、学生家长等利益关系人，是一种典型的利益相关者组织。④苏守波、康兆庆认为，大学治理就是高校内部的权力和责任在其内部各相关主体之间的分配，以及它们相互间形成的权责分担关系。就其本质而言，大学是一个利益相关者组织，而作为一个利益相关者组织，大学发展目标的实现就取决于大学的内部治理模式。与影响高校发展的其他要素相比，大学的内部治理模式是影响大学发展的内生变量。⑤

---

① 岑华锋.现代职业教育体系视角下现代学徒制构建研究[J].职教论坛，2013（16）：30.

② 李桂荣.现代大学制度视域下民办高校法人治理结构研究[J].长春工业大学学报（高教研究版），2014（4）：6-8.

③ 尹晓敏.利益相关者参与逻辑下的大学治理研究[M].杭州：浙江大学出版社，2010：21.

④ 杨炜长.完善民办高校法人治理结构的现实思考[J].高等教育研究，2005（8）：51-56.

⑤ 苏守波，康兆庆.利益相关者视角下的大学内部治理结构研究[J].黑龙江高教研究，2009（12）：5-7.

三、研究的特点与不足

回顾近年来的研究文献，经过学者们的共同努力，他们在民办高校的内部治理结构研究方面已经形成了许多有价值的创新理论和实践成果。具体来说，有如下几个特点。

（1）从研究数量看，论文的数量呈逐年增长态势，而且增幅显著。

（2）从研究的水平看，现有研究尚处于对国外治理理论的引进，借鉴先进理论来处理实践问题，离科学、深入、系统的研究还有差距。

（3）从研究涉及的内容看，覆盖面正在不断扩展，不同学科、不同角度对内部治理结构的研究均有呈现。

（4）从研究者的角度看，除从事专业教育理论研究的学者外，大部分作者来自民办高校一线，都是从自己的工作总结或反思出发，做出的致力于达到改进工作目标的研究。这些文献的作者也明显具有民办高校地域分布的特点，民办高等教育比较发达、学校比较集中的省份研究者较多，其中陕西、浙江、河北、湖南、湖北、辽宁等省的研究居于相对领先的位置。

在民办高校内部治理结构的相关研究成果丰硕、不断趋于体系化的同时，著者认为目前国内对该问题的研究还存在一些问题和不足，主要体现在以下四方面。

（1）质性研究成果不多。国内学者大多通过比较的研究方法，对国外私立院校的内部治理结构进行借鉴后，结合我国实际提出相关对策和建议。这些缺乏本土化调研，尤其是以个案形式对实际情况进行深入剖析的成果相对不多，大多局限于条条框框式的问题堆积与对策提供，以质性研究方法为主的研究不多。

（2）分析的视角比较单一。现有研究以公司法人治理、经济学、制度经济学、管理者等角度论述的成果较多，视角比较单一，缺乏多角度、多学科的分析。

（3）治理理论的现实适切性不够。相关治理理论的引入使国内研究更多侧重治理内涵的建构，很多实践问题也是以静态化、统一化的框架来分析，缺乏对具体问题、具体方法的结合，理论的现实适切性不够造成了部分治理策略脱离民办高校办学实际。

（4）在研究方法方面，理论分析相对较多，实证的调查研究相对缺乏，二者能够有效结合的则少之又少。

第六节 研究方法与思路

一、研究方法

本书通过对现实存在的问题进行现场观察和深入体验，获得真实、原始的一手资料。所涉及的大量一手材料来自两方面：一是著者在民办高校这一特定情境中长期工作的体验、观察以及积累下来的大量资料，二是在学习期间又再次深入学校进行现场观察和体验。

本书对我国西北地区的一所具有代表性的民办高校 B 学院进行个案研究，具体的研究方法包括文献法、访谈法和观察法。

（一）文献法

文献分析是将与研究问题有关的文献做系统的整理、归纳、摘要与分析，更贴切地说，把与研究问题有关的文献予以探讨或述评、综合与摘述。它具体包括总结现有文献的重要观点，归纳不同学者对民办高校内部治理问题的认识和看法，对当前研究文献和成果进行述评，总结他们的不同学科特点，归纳研究特点，发现研究不足，通过这些工作为本书提供综述基础。本书对有关治理理论在政治学、经济学、社会学、公共管理学、高等教育管理等方面的文献进行了收集、整理、分析，并收集整理了民办高校有关研究文献，这些文献不仅利于掌握本书所需要的有关材料和已有的研究成果，更重要的是为本书提供了整体思路和分析视角。所涉及的文献也尽可能地采用最新的文献，为此作者通过浏览国内外高等教育的相关网站及部分大学的网站，从中寻找资料，并从各类图书馆收集相关的文献。

（二）访谈法

本书力求克服研究者自身经验、学术视野、主观立场、知识积累的不足，以面对面和一对一或一对多的形式对民办学校利益相关者进行深度访谈，力求做到全面、客观反映事实。访谈对象包括有针对性地选择一些国内有影响的专家、学者、学校管理者、政府官员、大学教师、大学生、家长、企业家、社会知名人士等。访谈具体包括专家学者 3 次，省级政府管理部门负责人 5 次，民办高校高层管理者 8 次，中层管理干部 13 次，基层教职工（包括辅导员、双肩挑管理干部）15 次，学生 16 次，还有多次与各级管理者即兴式、闲聊式的访谈。访谈时间最长的达三个多小时，最短的为几分钟。

（三）观察法

由于自己多年来工作在 B 学院，对管理者、学校文化、制度环境都比较熟悉，结合自己的工作特点，对 B 学院的内部管理和治理结构通过会议观察、谈话、考察、记录等方式收集研究对象的资料，获取全方位的信息，很多观察和谈话都是对 B 学院实际管理案例的客观记录。同时著者努力从"当事人"向"研究者"的身份转变，排除带有个人主观色彩的观察，参与其中，客观记录、描述 B 学院管理者的心路历程和重大历史事件。

二、研究思路

本书尝试从教育治理的理论视阈出发，结合对我国西北地区具有代表性的一所民办高校 B 学院进行实地调查研究，引入共治相关理论和实践经验，将"共治求善治——民办高校实现治理现代化的途径"作为本书的理论假设，通过实践验证假设，发现适应性问题，提出解决对策。著者尝试从人的角度探讨民办高校发展，在民办高校的场域中，尊重利益相关者，实现学生的充分发展，将触角伸至民办高校管理中的"人"的身上，深层剖析管理者的观念、行为、动机，进而发掘深层次的民办高校现实。如何发掘民办高校治理中"人"的办学行为的教育观念及学校的制度文化，是本书调查研究的重中之重。

本书的总体思路及技术路线：搜集研读文献资料—结合理论形成分析框架并进而形成理论假设—实地调研民办高校内部治理结构的现状、特点和治理诉求—发现内部治理结构存在的问题和不足—对调研资料进行分析、归纳—验证理论假设在实证中的效果—以增进我国民办高校的治理现代化为目标，运用治理相关理论，提出民办高校完善内部治理结构的具体可行的对策与建议。研究技术路线如图 0-2 所示。

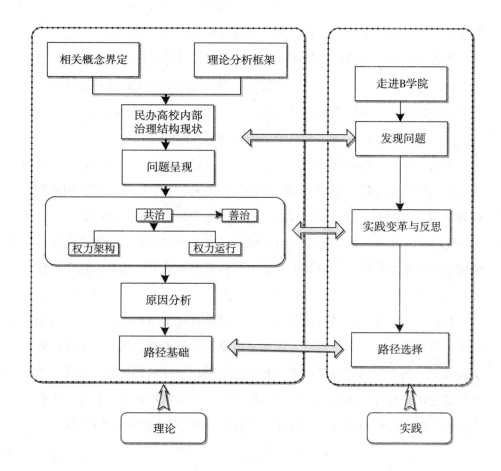

图0-2 研究技术路线

具体来说，本书包括以下主要研究内容。

首先，在理论上对民办高校完善内部治理结构的共治求善治思路进行建构。考察大学的社会化演进轨迹和其所面临的现代性危机，了解大学在社会化进程中要面临的挑战和原则，为后文提出民办高校的内部治理完善策略做铺垫；基于共治、善治等相关理论提出共治求善治的研究理论假设；进一步明确民办高校内部治理结构的内涵和意义；结合民办高校自身治理结构特征，构建理想状态下的民办高校内部治理结构。

其次，对个案研究对象 B 学院分别以发展历史为时序，搜集不同历史发展阶段内部治理结构的资料，并从发展概况和建校时期内部治理结构的构建、投资者主导的内部治理结构集权化发展、董校分设的内部治理结构分权化发展三个阶段演变过程，着重从权力架构、权力运行等方面对 B 学院内部治理结构现状进行详细剖析，并通过研究 B 学院内部治理结构的反思与变革的做法来分析 B 学院对于多元共治治理结构的积极探寻。

再次，对 B 学院内部治理结构存在的问题进行总结与原因分析。结合田野式的调研资料分析，厘清 B 学院的利益相关者，明晰内部治理结构的静态权力架构，从动态角度对多元权力在运行过程中存在的问题进行分析，发现 B 学院内部治理结构改革处于人治困境，这也成为制约和影响民办高校科学健康发展的重要桎梏。其成因主要有大学精神严重缺失、内部治理现代化水平不高、民办教育的过度市场化运作等方面。

最后，对完善民办高校内部治理结构提出具体策略和建议。具体包括从利益、价值认同、运行机制三方面来廓清制定改革策略的基础，并提出转变治理观念，用大学精神引领民办教育事业发展；加强机构建设，用科学组织体系优化治理过程；强化治理制度，用现代大学制度规范治理行为；完善治理机制，用有效权力运行机制保障治理质量等四个方面的具体路径选择。

第一章 民办高校共治求善治的理论体系建构

第一节 大学发展中的矛盾

一、大学的社会化演进轨迹

"大学是什么？"这是每一个研究与大学有关的学术问题和从事大学工作实践的人都需要首先思考的问题，它也是本书得以开展学理性思考的基础和原点。雅斯贝尔斯曾说："在教育适应现代社会变革时，首要的是保持对教育本质的追问，以避免过于轻率地适应眼前需要而放弃长远责任。"①任何关于对教育本质的追问，都是对教育理想的坚守，对大学来说，也是对大学传统的传承。

现代意义上的大学被普遍认为源于中世纪，其标志是 12 世纪创办的意大利萨莱诺大学和博洛尼亚大学、英国牛津大学、法国巴黎大学和蒙比利埃大学 5 所大学。被称为"大学之母"的博洛尼亚大学，被定位为实质上是一个具有学术自由理念的学生与教师的学术共同体，有学者将这所原生态大学的诞生称作"生命的需要"。②中世纪的大学很多时候是为教会服务的，宗

---

① 雅斯贝尔斯.什么是教育 [M].邹进，译.北京：生活·读书·新知三联书店，1991：43.
② 张楚廷.高等教育哲学 [M].长沙：湖南教育出版社，2004：8.

教色彩十分浓重，异于宗教的世俗文化和学校被否定，此时的大学呈现出沉闷而又灰暗的色彩，失去了鲜亮的容颜。涂尔干评价说："在所有的中世纪的机构中，时至今日，显然只有一种机构留存下来，尽管它的确有某些变化，但依然与当时的面貌极为相似，这种机构就是大学。"①

随着启蒙运动、文艺复兴运动的展开，中世纪的大学也迈入了向现代大学转型的过程。英国的工业革命开始以后，知识的重要性日益显露，社会和人们需要大学来传播知识，大学开始将获取知识作为根本使命。在此期间，德国思想家洪堡结合大学承担的研究工作，首先提出了教学与研究相结合的原则，并认为大学的教学应该与科研相结合，而教育要充分激发人内在的生命力，不应该限制在某个具体的教育目的之内。之后，随着社会的变化，大学的社会功能逐渐丰富，工业时代的社会背景改变了大学的人才培养模式，大学走出"象牙塔"，面向社会提供系统化、多样化的教育服务。随着国家民族的发展和市场经济的出现，大学活动自觉接受了市场和社会的调节，满足社会发展的需求不断成为大学决策者的主要选择。

大学这一组织机构在其演变过程中逐渐加强了与社会的关系，不断承担更多的社会服务功能，历史赋予大学更多的社会责任。"国家和政府也在越来越多地影响和干预大学活动，成为服务于社会的重要组织机构。"②美国高等教育专家克拉克·克尔就认为"大学本身就是一个等级社会，一方面要维持与探索真理，另一方面又要服务社会"。③

我国的有识之士自19世纪末真正的大学传统传诸国内起，就从没停止对大学意义的追寻和实践的步伐。近代著名教育家蔡元培先生将大学论述为"大学者，研究高深学问者也""大学者，囊括大典、网罗众家之学府地"。

---

① 涂尔干.教育思想的演进[M].李康，译.上海：上海人民出版社，2003：96.

② 布鲁贝克.高等教育哲学[M].王承绪，郑继伟，张维平，等译.杭州：浙江教育出版社，1987：35.

③ 克尔.大学的功用[M].陈学飞，陈恢钦，周京，等译.南昌：江西教育出版社，2002：54.

前清华大学校长梅贻琦先生认为，"大学者，非谓有大楼之谓也，有大师之谓也"。在当代，张楚廷先生把大学看成"是汇集重大思想、重大课题，汇集善良期待的场所"，并认为"大学是做大学问的，大学是让人有大发现的，大学是让人更高大的，否则，大学便愧对了大学之大"。①

由单纯的传授知识，到从事科学研究，再到服务社会，大学在其演变过程中不断丰富职能，大学存在的意义也在人类历史长河中不断呈现着脱胎换骨的新变化。当代，在大学社会化程度越来越高的时候，如何在与社会的紧密联系中保持自身特有的责任和使命，是大学这一社会组织真正体现其价值的地方。尽管在走出"象牙塔"逐步社会化的过程中，大学作为人类高深知识的汇聚之处和思想精神的自由展现场所，在本质上仍然不同于其他社会组织，众多有识之士对理想乐园的坚守成为大学经久不衰的动力源泉。

二、大学的现代性危机

本质主义的认识路线和知识观描述了大学的基本演进轨迹，没有相对稳定的大学边界和大学理念，大学也不可能从中世纪延续至今。现代大学在本质上是具有创新学术思维、承担社会责任、专门从事培养社会需要的人才的公益性教育组织机构。在多年的历史演变过程中，大学传统的传承和大学精神的追求仍然是大学区别于企业、政府等社会组织的价值和本质所在，大学长久保持自身生命力的根本原因在于形而上学的大学理念和精神的支持。

在当代社会转型发展的过程中，大学也顺应历史潮流，参与到现代性的建构与深化过程之中。大学在应对纷繁复杂的政治、经济等外在的诉求和力量束缚时，自身发展也陷入现代性的精神危机，处于不同群体之间的利益冲突和不同价值理念之间的博弈困局，大学也出现了理想失落、精神淡化、主体隐退、价值错位等实际问题，甚至造成大学启蒙异化的价值困境。我国的大学实践和改革面临诸多困境：在治理话语体系方面，基于政治资本或市场

---

① 张楚廷.高等教育哲学 [M].长沙：湖南教育出版社，2004：94.

资本注入的特征，政治权力或经济权力掌握最大话语权，处于强势地位，本应为实现大学学术和科研价值起主导作用的学术资本和文化资本反而处处式微；在人的培养模式方面，大学因为过多追逐功利化而忽视生命价值的存在，远离生命关爱的大学无异于工厂流水线，大一统的育人模式、标准化的评价体系使得大学场域中人的价值体现越来越微弱；外部强权对大学的限制与约束越来越多，大学实现办学自主已越来越难，内部组织机构设置和管理行为趋向于官僚化和体制化，经济力量的依赖和市场规律的介入使大学不断追逐利益而陷入功利化的迷途，大学本真的学术自由氛围和精神理念追寻日渐淡化。

大学不是政府机关。政府机关作为国家公共行政权力的承载体，以公共利益服务为行为目标，以公共领域为行为领域，具有整体性和严密的等级性，由执行不同职能的机关按照一定的原则和程序结成严密的组织系统。大学能够像政府机构那样吗？在实践中，我国的大学成为政府部门的延伸，大学高层管理干部由政府组织部门考查、任用，办学经费也由政府部门预算、拨付，科研项目也必须由政府部门审批、报备、考核，管理制度和文化也借鉴行政层级而不断行政化，知识的创新也迫于政治或经济权力的强势不断工具化，沦为追求权力和利益的工具。大学的理想正在迷失，追求学术自由和思想的大学精神在社会化、市场化的进程中逐渐背离初衷。

大学不是企业。企业是主要从事市场经营活动的组织，具有营利性的组织目标，以规模扩张和投资回报最大化为发展价值。大学能像企业一样按照市场规律从事经营活动吗？现实中不少大学以市场需要为理由，随意设置专业和课程内容，功利化和市场化的知识悄然渗入课堂和教材。有的大学把"社会责任"和"社会服务"混为一谈，恰如日本学者池田大作所批评的那样："现代教育陷入了功利主义，这是可悲的事情。这种风气带来了两个弊病，一个是学问成了政治和经济的工具，失掉了本来应有的主动性，因而也失去了尊严性。另一个是认为唯有实利的知识和技术才有价值，所以做这种学问的人都成了知识和技术的奴隶。"① "在高等教育现代化的进程中，过于注重工具理性和市场规律的做法使绝大多数国家的高等教育均不同程度地背离了人文主义的传统，走上了一条高等教育与经济建设互动发展的道路。"② 大学不能因为金钱而丧失自己的灵魂与自由，成为追逐经济利益的商业化工具，追求时髦和急功近利根本不应该属于大学。

大学不是工厂。工厂是以工业化的高效技术从事生产人们生活所需的商品活动为目的的社会组织。大学能够像工厂那样从事批量化和标准化的"产品"加工和生产活动吗？诚然，技术理性带给人类社会无数革命式的变化，也大大丰富了人们的物质生活。大学伴随着工业化时代以来技术的翻天覆地的革命而规模化购置类似于工厂机器和设备流水线的教学设施，不断引入工业产品加工的"标准"和"程序"来规范教育教学过程，盲目引进工厂产品加工方式，机械化培养学生，标准化评价学术活动和教育过程。大学的围墙在不断社会化的进程中慢慢被"拆除"，大学成为生产知识成果和加工合格产品的地方。批量化的发展思维将原本自然丰富的人的发展过程模式化为类似于工业化的复制过程，大大消解了人的差异性和无限发展潜力。

第二节　大学的治理之道

大学想要克服一系列现代性带来的危机，保持其原初的学术规范和自由民主传统，关键在于大学自身的治理。

---

① 田池大作，汤因比.展望二十一世纪：汤因与池田大作对话录[M].苟春生，朱继征，陈国梁，译.北京：国际文化出版公司，1985：61.

② 陈廷柱.大学的理想：价值取向及其言说立场与限度[M].青岛：中国海洋大学出版社，2008：5.

一、大学治理的理论边界

教育治理理论源自 20 世纪 90 年代以来新公共管理运动的治理理论，该学派认为人类政治过程正发生"哥白尼式"的重大变革，其"重心正在从统治（government）走向（governance）治理"。[①] 当今的社会发展是一个充满多元话语的时代，公共管理学正是结合社会时代背景认为治理是一个从"管"到"治"的路径安排，是一个由堵到疏的变革趋势，是一个由控制到信任的渐进过程。

治理理论对高等教育与大学的改革也带来了明显的影响。过去的 20 多年，世界各地的大学受到新公共管理运动治理观念的影响开始了不断的变革，大学致力于挣脱令人窒息的"统治"枷锁，努力实现"大学的解放"，成为"解放的大学"。治理理论视域下的大学迸发出人的自由色彩和民主的火花，能让人时刻感受到各种力量之间的协作和各种思想之间的博弈，大学活动的组织和实施给予从事管理活动的人更多的自主空间，不同利益相关群体的意见得到充分尊重，这种治理进程的推进让我们仿佛回到了孔子的课堂、看到了古老的博洛尼亚大学。

大学治理本身是一种现代化或现代性的表述，"教育管理中的'市场失灵'和'政府失灵'现象使治理成为大学管理革新之良药，强调的是多种学校主体制共治与善治，强调充分发挥学校各种主体的积极性和主动性，并汇聚这种主动性与积极性，使之成为推进学校发展的共有力量。"[②] 教育活动的治理引进政府和市场之外的社会力量参与，用社会和民众的力量来改进管理，缓解不同利益群体的矛盾冲突，保证各种不同人群的教育利益诉求能得到充分表达。由此大学的教育决策行为、管理政策和制度的制定都得到了充

---

① 蔡守秋.第三种调整机制：从环境资源保护和环境资源法角度进行研究（上）[J].中国发展，2004（1）：33.
② 张乐天.推进学校治理能力现代化：意义、重心与路径 [J].复旦教育论坛，2014（12）：6.

分讨论与科学论证，这就从管理生态上消除了人治带来的消极后果。相对于传统教育管理方式，大学治理体现出学术自由、协商民主的特点，大学管理朝着民主化的方向不断向前。

在我国，大学治理的提出有其鲜明的时代背景。首先，改革开放以来市场经济的快速发展带动了包括高等教育办学体制在内的市场化变革，多种所有制形式引入高校办学机制，突破了计划经济体制下单一的由国家统办的办学体制，高等教育领域办学形式不断多样化；其次，社会要求大学以需要人才为培养方向和目标，由社会改革而产生的复杂多元的知识、文化以及社会实体力量在参与大学治理中的作用不断增强；再次，大学筹资多元化和学生利益多样化，要求大学的运行在社会、企业、学生之间做出合理的调整，以保证教育公平和教育质量。

大学治理是对传统观念中大学管理的超越，二者在很多方面有不同之处：首先，从实施主体来看，大学管理的实施主体相对单一，运行系统也不开放；大学治理的实施主体包括多元的利益群体，包括行政部门专职人员、从事教学工作的教师、从事科研工作的人员以及学生、社会代表，他们均可参与治理决策，治理客体与主体的角色甚至可以变化，客体在被治理的同时也享有参与治理的权利。其次，从行动特点上来看，大学管理以金字塔式的权力构造为基础，自上而下呈现出单向的运行模式，管理者和被管理者都以强制性的力量制约达到完成组织计划的目的，组织决策计划的制定、决策的执行、后期检查和反馈等步骤都是核心管理者通过计划、组织、控制、规范等手段统一实施，一动则动，不动则不动，追求执行的高效率和顺从性；而大学治理则强调不同治理主体经过集体协商、民主参与、弹性互动等方式达到一致共识，更多的是采取自下而上或者平行式的权力博弈方式。最后，从价值目标来看，管理过于关注决策及其执行的效率，管理目标往往更为明确，并在实施过程中前后具有恒定性，为达成具体明确的组织目标而运作；大学治理则将落脚点置于价值上，充分尊重大学组织的本质和规律，从而发掘治理行为的精神价值和文化价值。正如有学者所言，"在教育治理的进程中，既要关注教育改革效率的充分释放与提升，更应注重教育治理中文化价值理性所体现的人文关怀"。①

有据于此，在现阶段，大学内部治理结构具有非常重要的研究意义和价值，以完善内部治理结构为抓手，广泛和深入地开展关于治理结构的研究可以帮助大学走出现代性危机带来的诸多误区，回归以人为本的管理传统和科学本真的发展道路，有利于促进大学治理实现现代化。

二、治理的理想价值追求是善治

正如人类的理性是有限的一样，治理没有一种完全能够解决所有组织时弊的固定治理模式。治理模式的选择和评价是以问题为导向，结合不同社会和历史环境，因地因时而制宜的。善治的治理状态是治理模式的理想价值追求。

现代汉语语义下的"善治"，简单理解就是优良的治理，是俞可平在翻译和介绍西方治理理论著作时，对"good governance"一词的中文译解。正如俞可平所指出的，"善治"这一概念对传统的超越在于，它不局限于好政府，而着眼于整个社会的好治理，是公共利益的最大化，而不是政府利益或某个集团利益的最大化。②因此，"善治"致力于实现组织的公共利益最大化。概言之，所有能够有效实现社会组织公共利益最大化的治理活动和治理过程都应当称之为"善治"。这也就使得"善治"在更多的情况下体现出一种强烈的价值理性倾向，甚至成为实现公共利益最大化的"代名词"。

有学者考察了善治概念的来源，认为善治概念主要有三个来源：第一，善治来自中国传统的政治语汇，善治即善政，主要意义是指好的政府和相应的好的治理手段；第二，来自对英文 good governance 的翻译，强调社会管

---

① 杨小微.教育现代化评价之核心指标三问 [J].教育科学研究，2015（7）：5.
② 何哲."善治"概念的核心要素分析：一种经济方法的比较观点 [J].理论与改革，2011（5）：20.

理的主体多元化；第三，是指公共利益的最大化，善治的实现是政治制度的终极目的。① 这样的善治观点为我们提供了系统的支撑，也对何种治理结构更符合治理理想提供了具体评价标准，为我们构建科学的治理结构指明了方向。善治具体包括民主和法治两个原则，实现的必要条件有四点：政治上的竞争和退出的压力、公民偏好的表达和选择权、信息透明下的分配正义、第三方社会契约的约束。善治的十个基本要素包括合法性、法治、透明性、责任性、回应、有效性、参与、稳定性、廉洁、公正。② 它们之间的关系如图1-1 所示。

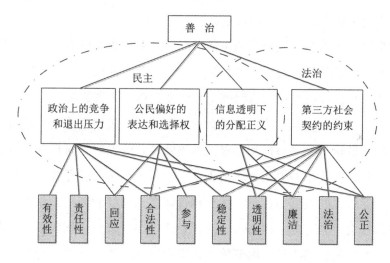

图1-1　善治的两原则、四条件和十要素之间的关系

合理治理结构的建构是建立在实践问题之上的，以善治的系统框架为指导，以俞可平教授提出的善治两原则、四条件和十要素为评价标准，能够推动民办高校内部治理现代化的治理结构就是实践所需要的合理的内部治理结构。

关于社会治理模式，有学者基于不同的价值取向，将具体模式分为三

① 何哲."善治"概念的核心要素分析：一种经济方法的比较观点 [J]. 理论与改革，2011
（5）：20.

② 俞可平. 治理与善治 [M]. 北京：社会科学文献出版社，2000：9-11.

种，"即统治型治理模式、管理型治理模式和善治型治理模式"。[①]在人类历史进程中，奴隶制社会和封建社会是典型的统治型治理模式，统治阶级为实现地位的巩固，建立了极其严格的等级秩序，所有社会活动几乎都以等级秩序展开。在资本主义社会里，人类的社会治理模式从统治型治理转向了注重生产效率与社会公平的管理型社会治理模式，文艺复兴以来民主化、人文化运动的兴起，使社会以效率为准的工具理性和以公平为准的价值理性不断博弈，促进了社会向前发展。善治型社会治理模式在社会主义阶段得到集中体现，以人为本、和谐自然、可持续发展理念带动了社会治理走向多元化，致力于建立公平正义的社会良好秩序。

教育致力于改善人民群众的生活，对于教育过程中的具有社会属性的人来说，不仅仅是要给予其受教育的机会，更需要为他们提供适合发展、生存和生活的教育。社会组织的善治理论和体系也被引入并影响了以学校实体为主的教育组织治理实践。传统的教育管理以政府的集权化施政为基础，以硬件的规模和数量为发展目标和要求，偏重外延式的发展，而教育的均衡、协调发展以及教育质量的提高并不被重视。相对于传统的教育管理，教育善治以适应和促进人的发展为旨归，注重教育体系和制度的创新，致力于寻求人民群众和社会对教育的本质需求。教育善治还在于努力达到教育组织内外部发展之间的平衡，使学校在内部体制建设和管理决策与外部的资源、政策条件支持取得一致，促进组织平稳、协调发展，同时这种平衡也包括教育的质与量的平衡。

善治取向下的教育治理也是现阶段民办高校治理的重要选择方向。民办高校的教育善治，即对民办教育的良好治理，能够有效改进民办高校治理水平和能力，使民办高等教育治理走出"内卷化"的困境。在实际实施过程中其具有独特性，主要表现在以下方面：第一，治理的目标是基于满足民办高校相关利益群体的发展需要，探索适合办学实际情况的治理模式，实现以

---

① 吴小花，许涵，傅联英.我国转型时期社会治理模式的价值取向初探[J].求实，2008（3）：76.

现代大学理念和制度治理学校；第二，治理的工具适合民办教育的发展规律及现实情况，针对现实存在的问题，因地制宜、因校而宜地提出合理的民办教育改革发展方案；第三，民办高校多元治理主体都能够积极主动地参与治理，充分发挥其主体性和创造性；其四，民办高校的善治能够促使民办高等教育发展与社会经济发展产生良性互动，一方面能充分利用社会经济中能够促进民办教育发展的社会资源，另一方面也能更好地为地方发展服务，促进地方经济社会发展。

三、共治理论的提出与教育共治

由于在治理理论兴起之初，西方学者们并未就治理概念和研究范式等研究涉及的主要问题形成较为一致的共识，况且治理研究本身又存在着多学科交叉的理论特征，不可避免地导致西方学术界在治理研究的规范方面一直存在着分歧和争议，治理理论的发展也出现了明显的泛化倾向。但是，仅就治理理论的行动特征而言，"多中心"的行动模式却普遍为后续研究者所继承下来。对学界流行的治理概念和内涵进行解读时，不难看出，其理论观点具有明显的"多中心"结构模式和"多元化"行动主体倾向。

对大学的共同治理，学界普遍存在三种观点：第一种是参与观，如美国大学教授协会在《大学院校治理声明》中将共同治理定义为"教师和行政部门基于双方的权力和决策责任分工"。此类观点认为大学的教师、行政部门等成员都享有治理的参与权利。第二种倾向于自治，认为共同治理是指对大学中所有成员的要求和其贡献都是一致的，这样的机制符合大学的本质。第三种则是权变观，认为共同治理只是实现目的的政治手段，根据大学本身所处的环境特点和需要而定。以上三种对共同治理内涵理解的观点有共同之处，即三者都强调治理的多元主体地位，共同治理所要体现的是大学的所有参与者都能参与并且都能主动接受的治理模式。

共同治理更多的是相对于单边治理而言的。与以往的治理模式相比，共同治理注重组织的利益相关者协同参与公共事务的管理实施，提倡不同主体在实际运作中实现监督制衡的动态过程。从表现方式上，共同治理更注重参与和协作，而不是控制和服从。对于中国化的"治理"以及中国特色的"治理体系"理论而言，西方治理的理论意义和实践价值，也更多地反映在中国理论对于治理"共治"理念的吸收和"协同共治"行动模式的借鉴上面。

在我国的高等教育改革进程中，随着办学自主权的不断完善，民主化治理的意识正在慢慢增强，共同治理结构的实践改革走向正在慢慢形成。与此同时，大学内部治理结构也存在着权力运行较单一、决策的民主参与程度不够、监督机构权力式微、学术权力受制于政治权力且运行不畅、民主组织参政议政和决策审议力度不足等问题。革除这些顽疾就迫切需要大学建设一个贯彻"参与逻辑"的内部治理结构，让每个利益相关者都有参与大学决策的权利和机会，让产权得到充分保护。这种基于"参与逻辑"的内部治理结构就是共同治理。在共同治理机制中，多元权力主体共同参与、协同治理，并且相互监督、彼此制约。以共同治理为方向的治理改革对推动大学建立科学的现代大学制度具有重要的意义。

大学的共同治理依赖于能够使利益相关者共同协商的平台，这样的平台在大学建设中体现为各种正式或非正式的组织机构。对外部治理而言，只有在社会民主制度不断完善的基础上，公民才能成为一个独立的主体，有自己的自由，能表达自己的意见和建议，行使自己管理国家和社会事务的权力。只有在民主制度不断完善的基础上，民主社会才能充分发育，第三部门不断增多，成为独立法人；只有在公民参与公共事务管理时能得到外界环境的支持和鼓励，社会、政府及大学才可能在一个平台上协商、合作，实现大学的多元治理。对内部治理而言，加强学校内部教代会、学代会、工会等民主机构建设，开拓民主参与议政和发挥监督职能的渠道，加强各种权力主体之间的交流、沟通、协作，大学的内部共同治理结构才有实现的可能。

面对大学内部不断激烈的利益冲突，共同治理模式则大大有利于缓和这种利益冲突。大学通过组织机构的建设为参与力量提供平台，为冲突提供表达的机会；建立各主体参与治理的决策机制，使因集权而产生的冲突有效化解；通过多元主体的能动作用，为组织系统变革提供互相信任、互为支撑的管理文化氛围；避免因强权过多统管而产生诸如学术权力等专业决策被替代，造成权力交错而效率降低的不良后果。

总之，教育共治结构的构建是基于大学的本质和教育的规律，使从事教育活动的不同利益群体的利益实现最大化，并使参与治理过程的人的价值得到充分尊重和实现。共同治理模式的目标在于坚决维护教育组织的公益性，防止教育组织的公共资源私有化，有效制约教育过程中集体的公共利益被侵蚀的不良现象。

第三节　民办高校共治求善治的治理改革理论

一、民办高校内部治理结构的内涵和意义

我国的民办高校是以社会资本注入为特征的大学组织形态，除了办学资本来源与公办高校不同之外，其大学功能的实现、组织发展的目标、治理规律的遵循都完全与公办高校是一致的，也承担着培养人才、科学研究和社会服务等责任和使命，也属于以实现公益性教育为目标的组织。

（一）民办高校内部治理结构的内涵

大学内部治理结构是治理主体的权力在运行过程中的微妙"平衡器"，集中反映出内部治理的科学化程度和水平。大学在治理过程中通过建立完善有效的内部治理结构，使组织内部的不同权力、价值取向、利益诉求和责任承担等关系达到博弈后的平衡协调状态，大学组织追求使命与目标的职能才

能得以实现，其组织的合法性和发展的生命力才能得到保障，育人、科研、服务社会的功能亦能得以发挥。因此，大学治理结构被看作帮助大学适应现代社会复杂环境，致力于提高大学治理水平和能力的"超组织结构运行机制"①，在其运行和改善的过程中遵循大学内在逻辑并与现代社会相契合，重建大学变化中的力量平衡。完善的治理结构是大学建立科学制度体系的重要基础，因而大学治理结构也被认为"是现代大学制度的基石，是推动和完善高校依法自主办学的重要配套工程。"②通过对治理结构的审视和研究可以窥见大学理想追寻和现实功能的演变轨迹，有利于大学治理实现现代化。

相比公办高校而言，民办高校内部治理的权力主体更为多元，治理过程更为复杂，涉及治理理念、治理制度、治理质量、功能实现等多方面的综合变革。民办高校内部治理结构要在事关切身利益的各个不同群体之间建立有利于民办教育科学健康发展的权力配置机制，尊重董事会、党组织、投资者、校长、教师以及学生等群体的合法治理地位，形成科学合理的责任、权利、利益分配体系，使不同权力之间产生有效制衡，辅之以配套健全的决策、执行、监督机制。由于民办高校投入机制的特殊性，其内部治理结构中体现的权力分配和制衡体系也有别于公办院校，相关制度安排追求多方面利益的均衡和协调发展。在完善和优化内部治理结构的过程中，相比传统的以资本投入为主导的集权管制模式而言，只有实施面向"分权多元""交流协作""资源共享"等现代治理理念和方式的治理转型才能从根本上推进民办高校内部治理结构的科学化、制度化、规范化变革，保证民办高等教育事业的规范和健康发展。

（二）完善民办高校内部治理结构的意义

"完善内部治理结构"是《国家中长期教育改革和发展规划纲要（2010—

---

① 龚怡祖.大学治理结构：建立大学变化中的力量平衡——从理论思考到政策行动 [J].高等教育研究，2010（12）：50.

② 龚怡祖.大学治理结构：现代大学制度的基石 [J].教育研究，2009（6）：22.

2020)》（以下简称为《规划纲要》）规定的重要大学管理体制改革任务。当前，民办高校想要完成《规划纲要》的任务并紧跟新时代"双一流"建设的号角和步伐，实现由规模效益为主的初级发展阶段到以质量内涵为主的规范化发展阶段的转变，当务之急在于完善内部治理结构，以内部治理结构的"杠杆"效应推动内部治理实现现代化。完善内部治理结构对民办高校建立现代大学制度、提高治理现代化水平和能力，乃至实现整体高等教育体系科学健康发展都具有十分重要的意义。

第一，彰显大学精神和弘扬大学传统。民办高校办学实践突破了计划经济以来由政府包办高等教育的体制，消解了政府对大学管理权和资源配置权的垄断控制，有利于对大学办学自主权的制度探寻和还原大学所独具的区别于政府、企业等社会组织的自由、民主精神。完善内部治理结构可以使民办高校不懈追求大学的理想和精神，在人类历史进程中始终保持大学的超越性价值。我国民办高校大多是从 20 世纪末依靠民间资本投入且在高等教育市场化的浪潮中不断发展和壮大起来的。历经多年的风雨洗礼，民办高校始终牢记大学使命，不断砥砺前行，在"独立之精神、自由之思想"的大学精神和"崇尚学术、发扬民主、科学求真、追求卓越"的大学传统的沐浴下逐渐形成了独具民办教育特色的大学精神和文化。然而时至今日，传承大学传统、彰显大学精神、追求大学理想依然是民办高等教育不懈探索的本质所在，也是内部治理的目标任务所在。完善内部治理结构旨在建立科学合理的、符合高等教育办学规律的治理制度和模式，努力使民办高等教育更好地彰显大学精神、弘扬大学传统，由此帮助民办高校在日益激烈的高等教育竞争中寻得一席之地，立于不败境地。

第二，符合组织内利益相关者的利益诉求。大学区别于企业、政府等社会组织的特点之一是"大学是一个由学者与学生组成的、致力于寻求真理之事业的共同体"[1]。大学内部的多个利益群体在大学发展中都承担着参与治

---

[1]　雅斯贝尔斯.大学之理念 [M].邱立波，译.上海：上海世纪出版集团，2007：19.

理的职责，都是大学发展不可或缺的内生性动力。为此，不同的利益相关者为保障切身利益都应积极参与内部治理。民办高校作为资源配置社会化的大学组织，参与治理的权力主体具有广泛性，利益相关者类型也相对较多，学校的任何决策都事关董事会、党组织、投资者、校长、教师以及学生等不同群体的切身利益。因此，以董（理）事会领导下的校长负责制为基本领导体制的民办高校需建立基于利益相关者的"协商—合作"式内部治理结构，使所有的利益相关者的利益最大化，保护利益相关者的合法权益，也能在治理过程中充分调动各方面力量，形成办学合力，从而大大提高内部治理的科学化、制度化和民主化水平。有效的内部治理结构通过对不同权力的制衡和约束使利益相关者的利益在制度设计和最终实施上都能得到保证，以组织的健康可持续发展带来利益相关者的利益最大化的实际治理效果。

第三，实现权力的多元化约束和监督。大学是多个权力主体共同治理的综合社会组织，在实现其使命和任务的过程中依赖于各个权力主体各司其职、群策群力。"大学治理过程具有复杂性、不可控性和不确定性，始终处于变化之中，更需要权力的制约。"[①]民办高校治理实践更为集中地体现了多元办学主体共同参与治理的现实诉求，突破单一化的集权控制、实现学术自由和民主治校是民办高校追寻大学本质并实现大学社会化功能的最佳途径，对参与治理的内部权力进行制约和监督是现代社会组织治理的基本要求，也是民办高校尊重多元化权力主体实现和谐发展的现实性需要。民办高校内部权力体系具有董事会权力、政治权力、行政权力、学术权力、民主权力并行的特点，由出资者参与的董（理）事会在学校发展中处于领导核心地位，治理目标兼有人才培养和组织效益的双重性，因此民办高校内部治理组织结构更为复杂，权力行使叠加交错，权力约束和监督难度较大。科学的内部治理结构可以对内部权力实现有效约束和监督，使不同权力主体各司其职，形成治理合力。办学基础相对薄弱的民办高校理应通过完善内部治理结构，协调

---

① 刘献君.论大学内部权力的制约机制[J].高等教育研究，2012（3）：1.

各方权力关系，建立科学合理的权力制约和监督机制，激发各方参与治理的主动性和积极性，提高治理质量和效果。

第四，发挥民办高校服务社会的功能。今天的大学已从单一型走向多样化，高等教育体系呈现了不同规模、层次、学科结构和办学形式的高等教育机构多元并存、相互竞争、互为补充的局面。民办高校与传统学术性大学相比，其存在的合理性和发展的潜力都是建立在实现其社会化功能基础之上的，为此，民办高校只有紧随大学社会化的步伐，努力契合地方经济社会发展之需要，更多地承担人才培养、科学研究和社会服务的责任和使命才能办出有特色的民办高等教育，达到丰富社会主义高等教育体系的目的。完善内部治理结构能使民办高校充分发挥服务社会的大学功能，使民办高等教育的功能表现更加与社会需求相一致，为社会培养符合需要的经世致用之才。科学的内部治理结构就是要通过协调权力配置以帮助民办高校更好地实现服务社会的功能，更充分地发挥民办高等教育的社会效能，使民办高校紧紧依据社会需求不断丰富其服务社会的功能，具备可持续发展的生命力和创新力。随着办学规模和业务来往的不断扩大，民办高校本身与地方、社会的联系越来越密切，这更有利于民办高校服务社会的功能在新的社会环境下得到充分发挥。

二、共治求善治的治理结构变革

在民办高校实行共同治理能够有效抑制权力的高度集中，调动多元利益主体参与权利共享，形成管理过程中的协同行动，对完善民办高校内部治理结构具有重要的意义。对于理论层面而言，其核心问题就是要在"董（理）事会领导下的校长负责制"这一基本制度框架和正式制度约束下，融入符合现代治理"协同共治"理念的有效行动因素，即在理论上构建一种能够实现民办高校内部各种"权力"主体和"权利"主体间良性互动和有效合作的运行机制和行动模式，其目的就是要实现学校内部治理行动的科学性、有效性和协同性。在实践层面上，共治模式以权力分化的本质特征，有助于民办高校实现对董（理）事会的民主化决策以及对单一化决策权力的监督和制约，使董（理）事会以多元成员组成为基本做法，将校长、党委书记、社会贤达和具有教育经验的工作者、教师、学生等代表纳入决策商讨活动中，这些相关利益主体通过不同的组织形式享有治理权力，在其相符的职责范围内具有决策的话语权，不同权力主体之间形成有效的制衡机制。

结合针对改革传统人治、管治模式的弊端，致力于善治的理想追求，以共治为手段，以实现善治为目的，结合治理的工具理性和价值理性力求统一的本质要求，本书尝试提出以共治求善治的理论假设，并在后续调查研究中验证其实践的可操作性，努力为民办高校治理理论和实践提供可操作的、具有指导意义的理论框架。

结合共治与善治的相关理论，借鉴罗伯特·伯恩鲍姆在《大学运行模式：大学组织与领导的控制系统》一书中对大学的分析框架，本书尝试从价值信念、系统结构和运行机制三个维度建构共治求善治的理论框架。此分析框架关注不同利益主体在不同治理模式下治理权利的保障和治理合法地位的实现，以及不同权力主体的协作程度与互动方式，从现实治理困境出发，探寻多元主体共治的真谛，也构建起解决民办高校内部治理实践问题的理论指导框架。

（一）价值信念

根据多元共治所面临的永恒问题以及实现善治理想目标的需求，在民办高校内部治理结构的完善过程中需确立以下四个方面的治理理念和价值追求的主导地位，用现代大学精神和理念来引导内部治理结构的完善。

第一，学术自由，自主办学。民办高校从本质上来说同公办高校一样都是学术组织，以知识的传承和创新为生命力，同时为社会生活提供丰富的人力和智力支持。在民办高校多元治理中，利益相关者平等协商，与学术自由是分不开的，同时，大学自主能有效减少政府对大学内部的直接控制及抑制学术权力。为实现知识创新的目标，政府就要给予民办高校充分的学术自由空间，为大学人的发展提供宽松、自由的组织环境和制度文化。而确保学生学习自由、教师教学自由和学术研究自由都是以大学实现自主办学的权利和地位为前提的，赋予民办高校充分的办学自主权，给予民办高校更多的政策支持和资源配置，让其不断焕发应有的大学风采，展现持久旺盛的生命力。

第二，主体多元，民主参与。民办高校以其社会投资的方式加速了内部治理主体呈现多元化的趋势，不同利益主体均有参与治理的现实诉求，投资者、党组织、校长、教师、学生、社会人士等代表共同参与到董事会的决策中，构建起民主科学的多元内部治理结构。多元共同治理的最终目标是实现善治，而民主化的改革走向是善治的重要特征，"善治只有在民主政治的条件下才能真正实现，没有民主，善治便不可能存在"。①民办高校各个利益相关群体的目标各不相同，只能通过共同参与、平等协商的治理行动，其才能求同存异，达到一个共同的目标，成为民办高校集体组织的目标。"作为非营利组织的大学，其多元治理结构必须平衡所有利益相关者的利益，必须以社会价值为目标，而不能以现有的教员或学生的利益为目标。"②

民办高校本质上来说是不同利益相关者的综合体。不同的利益相关者由于其所处的政治、经济、文化背景存在着差异，因而他们对于从事学校治理工作的观念和价值取向也有所不同，在做出治理决策和实施治理行为的时候，他们看问题的角度也会有一定的差异。解决这些存在的分歧和争议就要在尊重差异的同时，通过民主参与的方式将不同利益群体的合理诉求充分反映到治理过程中，让不同利益相关者表达他们对自身利益的辩护，抛弃主观因素，为集体利益着想，使不同的价值观念在博弈过程中趋于统一。

第三，以人为本，依法治校。在民办高校的内部治理中，资源配置、权力运行、信息对称、机制保障等因素固然重要，但这些因素都是在尊重人的主体地位和发挥能动性和主动性的基础上运行的，因而人的因素对治理结

① 俞可平.治理与善治[M].北京：社会科学文献出版社，2000：12.
② 张维迎.大学的逻辑[M].北京：北京大学出版社，2004：2

构更为重要。大学本是人文精神的发源地，倡导以人为本的大学理念和精神是本质所在。基于大学的本质追求，参与治理民办高校治理的多元主体都是人，因此，民办高校内部治理中要充分尊重以人为本的价值理念。人是大学多元治理的核心。民办高校多元治理的主体是人，主体的重要活动是培养人，通过培养身心健康发展的人来为社会发展服务。单一化的集权治理容易造成在治理过程中将人的发展价值工具化，让人成为实现权力控制或经济效益的工具，而多元治理通过民主权利的保障实现治理过程中人的主体地位和价值尊重。如果一所大学到处都充满对人的抑制和合法权利的侵犯，善治便无从谈起。

法治是俞可平教授提出的善治的重要原则。坚持依法办学的思路和原则，实现依法办学是民办高校推进治理能力现代化的主要路径，也是让民办高校走向科学化治理之必需。以人为本的理念在具体治理行为上也表现在依法治校上，使民办高校严格按照法律制度进行办学，做出真正合乎道德规范的治理行为，并有效地进行自主管理，以科学的办学章程制定为核心，努力健全和完善学校治理的法律制度体系，为推进民办高校治理能力现代化提供更好的法律支持。

第四，开放包容，理性交融。民办高校实现善治的过程，也是多元利益群体理性交融的过程。"开放包容之目的就是要在学校治理过程中建构一种恰当的主体间性或沟通性，也就是通过商谈体现出来，其核心是主体间的无强制的、自由交往。"①民办高校多元共同治理致力于实现多元主体的利益诉求得到满足，要保证组织内的每个成员的利益都不受损害，因此民办高校治理需要具备开放包容的治理特性。

哈贝马斯认为满足商谈实践的条件有两个："一是每一个别的参与者在使用知识权力的意义上都是自由的，二是知识权力是通过深思熟虑的赞同过

---

① 童世骏.大学的理念[J].辞海新知，2000（4）：24.

程而得到实施的，它的选择对于所有的相关人来说都是能够合理接受的。"①
依照此观点，民办高校多元共同治理要反对行政学术霸权或一元专制，以开
放包容的心态扩大其治理合理性的边界，即以不同的理性价值标准对治理决
策行为的合理性进行多角度、全方位的考查。

（二）系统结构

作为一个微观的社会组织，民办高校内部自然也存在如伯恩斯和帕森斯
所提及的能动行动主体。具体来说，民办高校内部主要包括以董事会权力主
体、党委权力主体、行政权力主体、学术权力主体、民主权力主体，外部包
括政府、社会贤达、社区等群体为代表的行动主体。参与内部治理的治理主
体主要有以下几方面。

第一，董事会权力主体。"董事会权力主体的法定性、强制性和绝对权
威性特征显现，通过指示、指令、决议等自上而下的要求来实现服从和遵
守。"②董事会是民办高校重大事务的决策核心，也是民主化的参与协作治理
平台，其核心权力对学校整体资源配置、重大决策执行、重要人事任免具有
绝对的话语权，同时对不同的权力主体具有强大的整合力。

第二，行政权力主体。行政权力主体指的是以校长和校务委员会为代
表的管理民办高校行政事务的个人和组织。在具体的权力配置上，行政权力
在大学当中的分配也严格遵循了金字塔式的科层制机构，校长处在行政权力
的顶端，在大学治理中具有重要和特殊的地位，承担着本校包括拟定发展规
划、组织科研教学活动、拟定年度经费预算方案等方方面面的工作。

第三，党委权力主体。党委权力主体与校长的行政权力不同，来自党对
民办教育的政治领导地位，把握和引导民办高校的社会主义办学方向，且肩

---

① 哈贝马斯.对话伦理学与真理问题 [M].沈清楷，译.北京：中国人民大学出版社，
2005：12.

② 汤永春.对高校党委权力 行政权力 学术权力的哲学思考 [J].东北电力学院学报，2003
（5）：3.

负有监督的责任。党委权力与行政权力之间也存在一定的博弈之举，但是在与其他权力主体互动时，它们都呈现出了其他权力主体所不可能具备的政治性、领导性和强制性的特征。党委权力主体地位来源于国家法律的规定，民办高校也是社会主义的办学组织，也要在党的坚强领导之下。党委对基层党组织的领导呈金字塔结构，愈靠近塔尖，权力愈大，这也是其权力结构的最主要特征，使得领导权力的运作方式呈现自上而下的特点，相应地握有政治权力的主体也就拥有了高校内部的实际管理权限，并通过社会主义办学方向的宣传、监督等活动来维系民办高校内部各项事务的平稳、健康发展。

第四，学术权力主体。伯顿·克拉克将学术权力划分为学科权力、院校权力和系统权力三种类型，别敦荣教授又将学术权力的主体进行了扩展。①具体来说，所谓学术权力主体，指的是基于教学和科研领域的深厚学术造诣，因其专业知识的突出而具有的权力的行动者，在民办高校特指具有一定学术权威的学术人员和学术团体。学术权力主体是"底部沉重"的组织，学术人员主要集中在班级、教研室、科研院所等机构之内。学术组织的权力有自下而上的运行特征，且结构之间具有松散性。学术权力主体对民办高校治理的参与能保证民办教育学术性质的实现，增强其知识创新的能力。

第五，民主权力主体。民主权力主体在民办高校是指以从事教学活动的基层教师为代表的教师权力主体和具有受教育权利的学生权力主体。民主权力主体由于群体数量较为庞大，通过推选代表的方式来参与治理，具体表现为教师代表大会、学生代表大会、工会组织、学生社团、学生会等群众性组织。民主权力主体一方面享有参与学校治理决策的权利，另一方面也有对重大决策进行监督和审议的职能，同时他们既是民办高校的治理主体，又是治理实施的目标群体。民主权力的实施具有松散性，代表也随着人员的流动而随时变化，民主组织的建立和参与机制的健全是民主权力主体协同其他权力主体治理学校的重要制度保障。

---

① 别敦荣.学术管理、学术权力等概念释义[J].清华大学教育研究，2000（2）：44.

（三）运行机制

多元共治的运行机制包括治理实践中的决策、执行、协调、监督等内容。

第一，决策机制。决策就是执行权力主体意志的过程。从决策的内容来看，民办高校内部治理决策的内容主要是事关学院发展的重大事项，包括未来发展方向和发展规划、资源配置方案、学校的合并和撤立、校长的任免等事务。从决策形成过程来看，董事会是形成民主化决策的重要平台，董事会需通过召集所有成员参加会议的形式，集体商讨解决问题和处理事务，体现共同治理的民主化本质。民主化的决策和分权治理的思路和做法是决策机制运行的核心特征。民办高校的决策行为执行之前，对决策要在内部各个利益群体之间以共同商讨的方式进行科学论证，权力在不同治理主体之间合理进行分化，形成有效制衡，防止权力的一元化现象或权力越界行使的误区。董事会也要充分吸纳校长、党委书记、教师和学生代表、校外人士等治理主体，通过集体的协同行动形成治理的合力，提高治理质量，实现民办高校的民主化和多元化治理改革。

第二，执行机制。执行是权力主体将其意志实施于权力客体的过程。民办高校的内部决策执行依靠参与治理的各个主体，主体在执行过程中也是行动者（权力客体），以其特有的主客体兼有的身份完成执行过程。执行的过程需要借助科层制的组织形式和统一的行政命令来完成，民办高校的董事会决策就是要校长、党组织、行政和教学部门以及教研室、学生社团等基层组织加以具体执行，不同层级的执行机构在行动过程中加强实效的同时，也应注重问题的反馈和制度的创新。民办高校组织的高效率特征要求执行过程要加以激励、评价和考核，通过执行效果的评价形成执行反馈，帮助执行者或执行部门提高执行能力。

第三，协调机制。多元化权力主体的存在必定会有冲突的发生，在各利益群体产生冲突的时候就要依靠协调机制来完成矛盾的缓解和调和。开放包容的治理结构容易形成或明或暗的矛盾冲突，影响决策的科学化程度和执行的效率，因此，多元共同治理结构在运行过程中必须有协商交流的方法来进行协调，只有这样，才能促进集体的利益最大化，实现预期的治理目标。协调机制包括硬性和软性的协调方法，前者是以制度遵从、命令执行等形式，为实现整体利益最大化使冲突的一方妥协让步，服从于另一方；后者是指通过沟通、交流、谈判、协商等形式，矛盾冲突的双方或多方都形成相互妥协让步，致使各权力主体从观念和行动上达到一致，有效提升治理整体质量和效果，同时实现不同群体的利益共赢。

第四，监督机制。监督可以防止单一权力的无限制状态，对权力的源头进行有效监督往往可以最大限度地降低决策的成本和肆意妄为的人治行为的产生，有效防止集体利益受到强权损伤。在现实中，"权力的实现一般表现为权力客体的行为大体上符合权力主体的意志，完全符合的情况是极少见的"①，因而监督是在多元权力即权力与权力之间形成有效的制约关系。在民办高校，权力的监督主要表现为民主组织和政治组织对董事会权力的监督以及对具体决策执行过程的监督，不同层级的权力主体在执行过程中也要实现上级之间的相互监督。监督机制是保证民办高校治理结构平稳运行的基本保障。民办高校内部通过设立教代会、工会、学代会等基层民主组织实施对学校重大决策和管理行为的监督，定期召开民主监督和审议会议，广泛听取民主群体的治理建议和问题反馈，同时鼓励民主力量从被动管理向主动治理转变。民办高校监督体制的完善也需要政府、社会等力量对治理过程的监督，做到这一点就必须做到信息对称，努力实现公开、公正办学。

总而言之，对于理论层面而言，以多元共治求善治的核心问题就是要在强化党对民办高校领导的前提下，在"董事会领导下的校长负责制"这一基本制度框架和正式制度的约束下，以科学治理理念为指导，融入符合现代治理"协同共治"理念的有效行动因素，即在理论上，构建一种能够实现民办

---

① 杨光斌.政治学导论[M].北京：中国人民大学出版社，2004：26.

高校内部各种权力主体和权利主体间良性互动和有效合作的运行机制和行动模式，其目的就是要实现学校内部治理行动的科学性、有效性和协同性。在治理行动过程和方式上，多元共治要以沟通、协商、参与、合作等方式的共治行动模式为基础，努力克服传统单向度的政府管控行为或市场的自发性行为带给民办高等教育行政化或商业化的危机。

以上共治求善治的治理结构转变思路体现了治理的工具理性与价值理性的统一，不仅注重治理结果，而且注重治理过程。共治具有工具理性的特征，治理是通过观念、机制的转变建立符合民办高校实际的理想内部结构，使其达到帕累托最优状态（资源分配的理想状态）。共治体现的是一种与传统专制、独裁相反的治理思路和途径，通过治理工具的选择和实施，优化学校内部治理结构，提升内部治理水平。善治则具有价值理性的特征，体现的是一种理想的治理状态。在善治状态里，集体和个人的利益最大化，符合民主自由的大学理念和精神，大学在善治的关照下迸发出勃勃生机，朝着理想的康庄大道稳步迈进。

从价值信念、系统构成、运行机制等方面对多元共治理论的剖析和实际治理困境的反思，将为民办高校内部治理结构改革提供理论指导和奠定现实基础。

三、理想民办高校内部治理结构的建构

民办高校内部的董事会权力、政治权力、行政权力、学术权力和民主权力之间的权力关系和运行机制是内部治理的主要内容，重点在于使大学决策权力合理分配，充分保障党组织、投资者、校长、师生及社会力量等利益相关者参与民办高校治理的权力和主体地位。如何在董事会的领导之下，各治理主体共同参与学校的重大事务决策，寻求不同权力主体各自充分独立行使权力，形成有效监督制约，治理的民主与效率之间达成平衡，成为构建民办高校内部治理结构的关键。

（一）基本制度框架——董（理）事会领导下的校长负责制

按照《中华人民共和国民办教育促进法》的规定，我国民办高校实行的是"董（理）事会领导下的校长负责制"。这一区别于公办院校的"党委领导下的校长负责制"的特殊体制从建校之初便大大调动了社会力量投资或捐资办学的积极性，确立了董事会领导核心的合法地位，有力地促进了民办高校的资源整合能力。多年的办学历史和实践证明，"董（理）事会领导下的校长负责制"是适合我国现阶段民办高等教育发展的科学体制的，为民办高等教育健康发展保持持久生命力提供了可靠的制度基础。

按照董（理）事会领导下的校长负责制这一体制规定，我国民办高校内部从事治理的权力组织机构主要有董（理）事会、校长办公会、党委会、学术委员会、教职工代表大会、学生代表大会等，这些机构分别行使不同的职能，形成了"决策—执行—监督—审议"的权力运行关系。其中，以多元成员构成的董（理）事会是学校的核心决策机构，校长办公会议是学校的行政权力执行机构，学术委员会、教职工代表大会、学生代表大会是学校的重要决策审议与民主监督权力机构。

董事会领导是核心。正确认识、把握和充分体现董事会的核心领导地位和作用，是加强和改进董（理）事会领导下的校长负责制的首要任务，也是完善民办高校内部治理结构的基本要求。董事会对民办高校的决策起主要作用，并承担对学校发展的战略性、全局性、根本性的问题做出决策的重大职责。同时，董事会也具有学校的所有权，对学校资金运转、投资者回报兑现、学校章程的审定、校长任免等重大事项拥有决策权。

校长负责是关键。尊重校长的行政管理权是落实董（理）事会领导下的校长负责制的重要内容，也是完善民办高校内部治理结构的必然选择。校长全面负责学校的教学、科研和行政管理工作，享有学校的行政管理权，为学校的法定代表人和行政负责人。基于董事会对其的领导关系，校长也是董事会决策的主要执行者，同时，校长也是董事会的主要成员，因此校长兼有学校决策者和执行者的双重角色。校长应该具备治理学校的专业素质和能力水平，"校长职业化"是完善发挥校长治理职能的努力方向，真正使"教育家办教育"，让专业教育专家来从事学校治理工作成为完善民办高校治理结构的关键问题。

党委领导是保障。作为中国特色社会主义的制度创新，董（理）事会领导下的校长负责制必须坚持共产党的政治领导，这是民办高校坚持社会主义办学方向的根本保障。民办高校党委通过保障学校的社会主义办学方向、落实党的教育方针和政策、开展思想政治教育工作、建立健全党建工作组织等途径来实现对民办教育事业的政治领导作用，同时承担对学校决策决议的监督和指导职能，并积极参与到董事会对学校重大事项的决策之中。民办高校党委要坚持民主集中制处理党建问题，不断完善和创新民办高校党建新思路、新方法。民办高校党委书记也是董事会的成员之一，参与到董事会的具体决策过程中，要通过说服、教育、宣传、引导等方式将党的政策贯彻落实好。

教授治学是根本。教授是教师队伍中具有丰富专业知识的高职称人才，教授在学校专业教学、科学研究以及学科建设方面具有丰富的从业经验，是大学治理中不可缺少的专业力量。教授治学的权力来自其对学术、教学活动的专业基础。大学区别于企业、政府等社会组织的特点之一就是其人才培养和学术活动等基于以教授为主的专家队伍来决策和执行的。因此，只有充分发挥教授治学的优势，依靠教授专业能力，才能使大学教学、科研学术等事务按照教育规律来办，也能不断激发教授对学术资源的有效使用和配置。

民办高校董（理）事会领导下的校长负责制的主要内容包括董事会领导是核心、校长负责是关键、党委领导是保障、教授治学是根本四个方面，这四个方面在具体治理过程中是互相依赖、互为支撑的关系。四者的有机结合涉及民办高校经济资源、行政资源、政治资源和学术资源的优化配置问题，只有将这些资源统一合理配置，形成治理合力，才能达到完善内部治理结构的目的。

（二）理想的民办高校内部治理结构

按照上述治理内涵分析和基本制度框架，著者以治理理论分析框架和实践治理经验两方面的学术资源为支撑，设计了一个民办高校内部治理结构的理想模式，如图1–2所示。

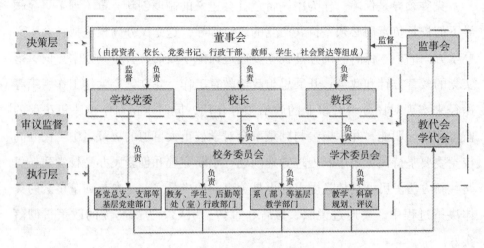

图1-2　民办高校内部治理结构理想模式图

这个理想模式是中外民办高校治理经验的延伸和发展，遵循治理理论逻辑框架和分析方式，在民办高校办学实践经验和教训的基础上，结合民办高校内部治理结构的体制规定、制度环境、文化背景、现实困难以及治理理论的分析框架，建构了理想状态下的民办高校内部治理结构，充分体现了多元共治的治理逻辑。它展示了民办高校内部治理结构的一种制度安排和创新，具有能够适应制度环境的动态调整、适时变化的结构特征，体现了多元主体参与、权力多中心以及治理的权利和责任相统一的治理特征。该理想模式表征了科学合理的民办高校内部治理结构的应然状态，体现了善治的理想追求，致力于实现民办高校内部治理结构的优化和完善，努力提升治理现代化水平。

本书设计的民办高校内部治理结构的理想模式既是民办高校多元化办学

现实的学理回应，也是对未来治理发展走向的某种谨慎预测。理想模式所企求的价值目标是什么？理想模式试图打破"非此即彼"的"二分法"模式，以治理理论和原则为基础，构建多元主体参与为中心，在治理过程中尝试达到工具理性与价值理性的融合，力求实现以下相关目标。

第一，理想模式是在民办高校内部各利益相关者之间寻求一种互动、合作、制衡的多元治理方式，实现由多元主体参与、民办协商、监督、决策依法合理、执行高效的内部治理结构。

第二，理想模式是在微观层面上有效配置民办高校内部各种权力，使其实现互相监督、制约，旨在努力提升民办高校整体办学质量。

第三，理想模式以实现现代大学制度建设为目标，努力实现大学自主办学和社会责任的有机结合，为地方社会公正、社会分层和社区发展发挥民办高校应有的功能。

本模式充分体现了多元权力主体参与治理的现实需要，革除了传统治理中的单一主体参与的僵化模式。其特征具体来说，有以下几个方面。

第一，治理主体多元化，体现民主协商和参与决策。教育治理强调多元主体民主参与的共同治理，民主化是其基本特征。我们"坚信民主的力量，民主会带来好治理（善治），会带来好教育"①。多元主体参与的治理不仅有利于增强大学办学自主权和自治活力，也符合现代大学加强民主建设的趋势和要求。多元主体参与的治理是投资者、管理者、教师、学生等多种主体共同参与大学决策与执行活动的一种制度安排。该模式通过"让权于多元主体"，充分调动各治理主体主动参与大学治理的积极性，通过权责共担、沟通交流等多种形式，整合不同领域的力量，在日常治理中形成协作共商的伙伴关系，使各方面力量形成合力，共同促进办学水平的提高，达到治理能力的现代化，促进民办高校事业的繁荣与发展。该模式努力开拓民主参与和监督渠道，加强多元主体之间的协商、协作，使得大学的多元治理成为可能。

---

① 褚宏启.自治与共治：教育治理背景下的中小学管理改革 [J].中小学管理,2014（11）:16.

只有在内部民主制度不断完善的基础上，教师、学生等基层人群才能成为一个个独立的主体，有自己的自由，能表达自己的意见和建议。

第二，实现权力制衡和监督，增强政治透明度。多元共治的基础是不同治理主体要有参与治理的合法地位和行动的积极性，也就是民办高校的利益相关者都有能力参与，愿意参与，这样才能形成共同协商的平台。只有在民主制度不断完善的基础上，民主社会才能充分发育，第三部门不断增多，成为独立法人；只有在公民参与公共事务管理时能得到外界环境的支持和鼓励，社会和政府及大学才可能在一个平台上协商、合作，实现大学的多元治理。加强基层民主建设，构建由基层民主组织参与治理和承担监督的制度，大大提高了民办高校内部治理的民主化水平，增强了政治透明度。

第三，组织决策过程依法合理，提高治理的科学化水平。多元主体参与治理的基础决定了决策不是由某一个人或利益群体单独做出的，决策的产生是不同利益相关者共同协商作用的结果。集体决策形式不是依赖于投资者决定学校重大事项，而是依赖于投资者、党委、办学者、教师、学生等不同群体，这些群体的参与保证了决策的平衡性，不会发生对某一群体产生伤害的危险，更不会导致违法事件的发生，最大限度地保障了组织的公共利益，有效地促进了治理行为的法治化、科学化。

第四，保障执行的高效率，提升整体治理绩效。内部治理的效果不只取决于科学化的决策水平，也依赖于决策的高效率执行。在此内部治理结构中，董事会权力、校长权力、党组织权力、学术权力、民主权力都能够做到各司其职，各尽其责，这一方面对具体决策的执行排除了不合理的干扰，做到了"术业有专攻"；另一方面，由于执行过程中主体参与治理的主动性和积极性的大大提高，能够使治理主体及时调整、处理遇到的困难和障碍，由此保障了管理执行的高效率，提升了整体治理效果。

第二章　B学院的内部治理结构建构探索

党的十八大以来，我国明确提出了"建设高质量教育体系"的教育发展目标，同时党和国家将"支持和规范民办教育发展"作为具体的政策内容。面对教育高质量发展的根本要求，民办高校如何面对新时期的挑战与机遇，正视发展困境，构建符合民办教育规律的科学内部治理结构？本章将以西北地区B学院的内部治理结构改革演进为对象，以个案研究的方法深入分析民办高校治理结构建构中的诸多波折与力量的博弈。

B学院属于以社会资本投入为基础的民办高校，在创建和发展的十六年历史中，其内部治理结构对B学院发展起了至关重要的影响和作用。B学院的内部治理结构在办学历史中是怎样形成的？其内部治理结构的权力架构和运行机制有什么特点？B学院的内部治理具有什么样的观念和做法？B学院在面对发展危机时是如何调整和完善内部治理结构的？本章通过著者多年来田野式的调研来客观深入地描述B学院内部治理结构改革的具体做法和成长历程。

第一节　个案研究对象——B学院概况

B学院是我国西北地区G省的七所民办高校之一，属于独立学院的办学形式。截至2018年，G省有普通高等学校45所，其中民办高校7所，占15.56%。在45所高等学校中，本科院校22所（含5所独立学院），高职高专院校 23 所。在 22 所本科院校中，有 5 所民办高校（独立学院），占 22.73%；在 23 所高职高专院校中，有 2 所民办高校（独立设置的民办高校），占 8.70%。2017 年，全省共有高校学生 46.62 万人，民办高校在校学生有 5.4 万人，占全省在校学生总数的 11.58%。2017 年，B 学院占地约 35.49 万平方米，有在校生 11383 人，教职工（含专、兼职）632 人，从在校生人数和占地面积来看，属于 G 省 5 所民办本科学校的中上游水平。

一、发展现状

G 省共有 5 所民办本科高校，均由公办高校与社会力量合作，以独立学院的形式独立招生办学。位列 5 所之中的 B 学院属纯社会力量投资办学，投资方为 K 房地产有限责任公司。据 B 学院招生简章言，该校是"2002 年由 J 大学申办，经 G 省教育厅批准成立的 J 大学二级学院，2004 年被教育部确认为 G 省首批独立学院，属于民办本科层次的普通高等学校"[①]。

正是借助着 2000 年左右全国各地大学相继办独立学院的春风，B 学院于 2002 年在 G 省省会城市近郊的 H 开发区拔地而起，据创办者言："在 B 学院建校之前，这里还是一片果园，投资者寥寥无几。"[②] 历经十六年左右的发展，一所已逾万人规模的民办高校在此地发展壮大起来，H 开发区也以 B 学院建校为始，相继有 5 所高校征地入驻，成为名副其实的"大学城"。

（一）专业布局和结构

目前 B 学院设有 9 个系 3 个教学部，共 12 个教学单位 35 个本科专业，初步形成了以工科为主，文、理、经、管、艺多学科交叉渗透、相互支撑、协调发展的专业结构体系。工科专业围绕土木工程、电气工程及其自动化、机械设计制造及其自动化、交通运输等专业形成四大专业群，学校办学特色

---

① 引自 B 学院 2016 年招生简介。

② 引自 2015 年 5 月 8 日会议记录。

鲜明，专业建设质量和内涵逐步提高。

（二）师资队伍

B学院现有教学人员632人，副高（含高级工程师）以上职称215人，占全院教学人员的34.02%，硕士以上学历241人，占全院教学人员的38.13%，生师比为1：16.76。由于专业设置以交通类、工程类等专业为主，多年来B学院培养了一批具有行业背景和工程背景的师资队伍，也有一部分双师型教师，具体如表2-1所示。

表2-1 师资队伍类型表

教师类别	数量／人
双师型	35
具有行业背景	492
具有工程背景	325
总计	632

全院共有教师632人，其中具有讲师及以上职称或具有硕士及以上学位、通过岗前培训并取得合格证的教师392人。符合主讲教师岗位资格的人员中，教授51人，副教授164人。在职称评定和岗位聘任工作中，学院将为本科生上课作为对高职称教师的一项基本要求，因此，主讲本科课程的高职称教师占高职称总数的比例（不含讲座）为100%。2015—2016学年，学院开课总门数为638门，高职称教师授本科课程占总课程数的比例为66.35%。师资队伍职称学位数量统计情况如表2-2所示。

表2-2　师资队伍职称学位统计表

类别		数量／人
职称	教授	51
	副教授	164
	讲师	190
	助教	130
	无职称	97
学位	博士	23
	硕士	218
	学士	354
	无学位	37
总计		632

此外，教师队伍中外聘教师占有较大比例，有兼职 123 人，中级以上职称占外聘教师的 58.5%。据调查，民办高校的师资队伍中兼职教师的占比均较高，这种师资队伍特点与民办高校发展是息息相关的。民办高校在建校初期，受制于办学经费的匮乏和建校历史的短暂，主要依赖外聘教师完成教学任务并以此保障教学质量。

（三）教学设施投入

截至 2017 年，B 学院校舍总面积达 21.82 万平方米，生均校舍面积 19.17 平方米。在校舍面积中，教学用房面积 7.65 万平方米，生均教学用房面积 6.72 平方米；行政用房面积 1.19 万平方米，生均行政用房面积 1.04 平方米；宿舍面积达 10.09 万平方米，生均宿舍面积达 8.86 平方米。学院教学仪器设备资产总值 5974.24 万元，生均 5248.39 元；教学科研仪器设备学生用计算机 1148 台；多媒体教室和语音实验室座位数 7360 个。图书馆藏纸质图书达到 100.91 万册，生均 88.64 册。图书馆电子图书近 60 万种，中文电子全文期刊 2000 余种，外文电子全文期刊 300 余种。据统计，B学院本科教学日常运行支出 2226.23 万元，生均 1955.80 元；教育改革支出 18.46 万元，生均 16.22 元；专业建设支出 23.65 万元，生均 20.75 元；实验经费支出 78.5 万元，生均 68.96 元；实习经费支出 115.48 万元，生均本科实习经费 101.45 元。

（四）科研工作

B学院的科研工作尚处于起步阶段。为提升科研项目立项的层次和质量，B学院一方面注重科研项目的孵化，另一方面强化立项申报的辅导及预审环节等措施的配套落实，有效地提高了项目立项申报材料的质量。2015—2016 学年学院共组织申报项目 39 项，批准立项 23 项，其中，6 项在G省教育厅立项，3 项在省教科所立项，14 项在学院立项。B学院为提高教师科学素养，组织了多次科研专题培训、讲座和座谈，并鼓励教师积极撰写学术论文。教师在公开刊物发表论文 64 篇，学生参与科研的意识和积极性也有了一定的提升，获得了 3 项G省教育厅级科技比赛奖。相比较于公办院校和其他同类院校，B学院科研力量尚显薄弱，科研工作也刚刚处于起步规范阶段，科研工作对学校发展的贡献尚十分有限。

（五）毕业生社会评价

B学院对部分毕业生用人单位进行回访，发放近 160 多份调查问卷，获得有效调查问卷 152 份。统计表明，用人单位在录用毕业生时往往注重学生的吃苦耐劳精神和专业实践能力。用人单位的总体评价较好以上的为 95%，称职以上的为 98.6%。在毕业生组织与协作能力方面，能积极参加单位组织活动好评率为 93%，具有较好的团结协作精神的好评率为 91.2%，有良好人际关系的为 91.5%，在工作过程中有良好心理素质的毕业生占 90.8%。近年来的人才市场需求供给情况反映出应用型劳动力人才呈现供不应求的局面，以机械加工为主的技术、技能型人才较短缺。B 学院的专业建设和毕业生就业正是契合了应用型、技术型人才社会需求的现状，使得民办高校灵活办学、特色突显的优势不断显现出来。

二、专业建设及办学特色

作为以理、工科为主，交通专业为特色的民办高校，B 学院结合市场需求和就业情况，截至 2018 年，共开设土木工程、机械设计制造及其自动化、交通运输、电气工程及其自动化等 35 个本科专业，其专业门类还涉及经济、外语、艺术等相关学科领域。学科专业的整体发展具有以下几个方面特点。

（1）专业设置紧跟市场需求，关注招生规模和办学效益。B 学院的专业大多根据就业市场和社会需求而设置，学院在专业设置的论证过程中优先考虑社会的需求。近年来，B 学院每年新增 2~3 个专业，现有 35 个本科专业，专业覆盖面广。大部分理工科专业毕业生面向铁路局、工程局等交通类企业就业，就业率经省人力资源和社会保障厅公布近几年在全省 45 所高校中位于第 8 名左右。B 学院以其办学的灵活性吸引着学生。近年来 B 学院生源持续稳定，招生计划保持在平均 2800 人左右，报到率在 90% 以上，在校生人数超过一万已有五年之久。

（2）管理机构设置模仿母体大学，董事会居于核心领导地位。民办高校根据《中华人民共和国民办教育促进法》的规定，实行董事会领导下的校长负责制。B 学院在建校时，在体制上属于 J 大学的独立学院，投资方 C 自建校以来一直任学校董事长，自 2003 年 6 月—2016 年 9 月兼任院长，按校史记载和知情者讲述，董事会在学校办学的不同阶段，聘任原母体学校著名的离退休专家学者任院长，院长前后有五任，董事长 C 兼任第四任院长，且任期最长。B 学院由于长期与 J 大学磨合且已有一定的办学历史，因此规模较大，专业齐全，建章立制较为规范，在科层组织、规章制度、管理方式、校园文化建设等方面更接近于母体 J 大学。

（3）社会属性和办学资金来源。B 学院在民政部门登记为"民办非企业"单位，办学资质证书由 G 省民政厅社会组织管理局审核发放，主管部门为 G 省教育厅。B 学院的资金来源主要是学生的学费收入，如 2017 年，学生学费、住宿费年均 11000 元／生，共有学生 11383 人，每年学校的学费总收入约 1.25 亿元。此外，B 学院约有 500 万／年的商铺、食堂档口租赁费用。B 学院每年全部收入约 1.3 亿元，除此之外，无政府的办学经费的资助。在发展模式上，B 学院属于典型的滚动发展模式，主要依靠学生学费收入支撑学校建设和发展。

（4）营利性办学的特点。B 学院以 C 的个人资本注入投资为起始，多年来在党和政府的政策支持和引领下，在母体 J 大学的支持下，以一种区别于公办院校的崭新的办学模式日渐成熟起来。B 学院营利性办学的特征具体表现在以下几个方面。

第一，社会力量为投资主体办学。B 学院的建设和发展资金是由以 C 为董事长的 K 房地产有限责任公司投入的，C 为独立法人，母体 J 大学以管理队伍、师资力量、实验室使用、就业单位共享等方式对 B 学院进行支持。社会力量投资的特点使 B 学院产权界定较为清晰，没有省内其他独立学院的国有资产分割的困扰。另外，B 学院还可以通过 K 房地产有限责任公司进行多渠道筹措办学经费，资金运转具有市场运行的特点。

第二，办学行为具有市场投资的特点。以 C 为主的社会力量投资者将经济资本投入办学之中，借助国家政策和母体学校 J 大学的支持兴办民办高校，属于典型的具有市场运行规律的投资行为，这一点不同于国外私立院校社会资金捐赠的办学形式。社会力量投资办学的事实，让投资者成为学校建立和发展过程中重要的治理力量。

第三，对教育资源具有市场经营的做法。B 学院学生的学费较之省内公办本科高校的学费高出一倍左右，因为政府公共财政没有拨款，学费收入成了学校单一的资金来源，不仅要承担办学和教学成本，还要承担投资者的"合理回报"。因此，B 学院对内高度重视节约办学成本，提高资金和有限资源的利用率。

第四，办学机制方面具有灵活性。B 学院的专业设置、课程内容、师资聘任等制度都比公办高校灵活，如课程内容、教学方式的选用更多地考虑就业单位需求和学生的发展需要，聘任的兼职教师不仅有公办高校教师，还有企业一线的实践专家，双师型教师比例较高。

从上述 B 学院的发展现状和办学特色来看，一方面，诸如 B 学院的民办高校在办学机制方面具有灵活的优势，"船小好掉头"的办学特点让其能够紧盯社会需求，及时、灵活地进行专业和规模调整。但是由于民办高校单一地依靠自身及社会力量办学，其在办学资源方面相比公办院校显得较为短缺。然而，长期以来的"办法总比困难多"的办学精神让民办高校能够立足自身特点，克服先天资源短缺的弊端，形成鲜明的办学特色，民办高等教育从建立之初到发展的各个阶段便被打上了"自力更生、艰苦创业"的深深烙印。

另一方面，民办高校由于社会力量投资办学的机制，不可避免地出现了投资者趋利性与教育公益性之间的博弈与矛盾。投资者以董（理）事会为主体，从法律上拥有学校及资产的"所有权"，这种"所有权"让投资者在学校建设与发展中具有重要的话语权，社会力量对民办高等教育的投入和回报关系一般以无形的引导和约束力量牵引着民办高校的发展。社会力量投资的趋利性与教育的公益性始终是民办高校内部治理结构建立和发展过程中要面对的基本矛盾，如何在确保教育活动的本质与遵从其规律的同时，调动和保护投资者的合理权益，充分发挥民办高校内部治理过程中多元主体的基本导向与利益诉求，不只是 B 学院，更是所有民办高校在内部治理中面对的重要问题。

第二节　建校初期内部治理结构的构建

2002 年 1 月—2003 年 6 月，B 学院由 K 房地产有限责任公司和 J 大学联合创办，这一阶段是 B 学院的建校初期，也是其构建内部治理结构的起步期。

一、创办历史

B 学院有着艰难而曲折的创办历史。查阅《B 学院十年校史》(内部资料，以下简称《十年校史》) 等相关史料，可以对 B 学院的大致创办历程有所了解。《十年校史》中的相关资料如下。

2002 年 1 月，在国家计划实施西部大开发和高等教育大众化的社会发展背景下，众多知名大学争相引入市场力量创办独立学院，G 省 K 房地产开发有限责任公司与 J 大学经过多次沟通和协调，达成了联合办学的协议，决定利用双方各自的资源优势，联合创办一所民办机制的普通高等学校。

2002 年 2 月 8 日，J 大学与 G 省 K 房地产开发有限责任公司 (C 为董事长) 联合成立 B 学院筹备委员会，设立筹备办公室，完成《J 大学 B 学院章程》的起草，共八章三十八条，对董事会职责、院长和机构设置、财务管理等做了明确规定。

2002 年 3 月 13 日，B 学院筹备委员会召开了第一次预备会议，研究并通过了《B 学院章程》，同时开始基础建设工作。

2002 年 6 月 11 日，经 G 省教育厅批准，成立 J 大学 B 学院，隶属于 G 省教育厅。

2002 年 6 月 13 日，J 大学筹备委员会召开最后一次会议，研究并成立了 J 大学 B 学院董事会。6 月 18 日，董事会正式成立，首任董事长由投资方 K 房地产开发有限公司董事长 C 担任，副董事长由 J 大学相关领导担任。

2002 年 10 月 23 日，首届学生报到入学 220 名，正式上课。时任院长 G 教授（原 J 大学副校长）在开学典礼中讲道："青春年华奉献 J 大学，老骥伏枥再效 B 学院。"

2003 年 5 月 26 日，经多方征集最终确认学院的校训为"博衍明德文倡格物"。①

从上述《十年校史》中记载的建校初期的重大事件中可以看出，像 B 学院一样，我国的民办高校在国家的支持下，基于社会人才需求和高等教育发展需要，在高等教育大众化时期，主要通过社会力量投资创办起来。在我国高等教育走向大众化的时期，民办高校利用灵活的办学机制，承担起了高等教育发展的时代重任，体现了民办高校创办者的时代担当和社会责任。

B 学院是在高等教育引入社会力量办教育的社会宏观背景下，依靠众多办学支持力量，创新办学机制，综合各方面资源和力量创办起来的。建校离不开各方面重要社会力量的参与和支持，主要涉及以下几方面。

（1）国家和政府的民办教育扶持政策。建校时期，我国高等教育资源相对稀缺，社会和人民群众对高等教育入学机会的需求使得民办高校这一特殊办学机制的学校产生。政府对社会力量办教育也加大支持力度，同时依照《中华人民共和国民办教育促进法》对 B 学院的管理体制进行了规定和要求。

（2）母体学校 J 大学的大力支持。J 大学在 B 学院建校时与出资方 K 房地产有限责任公司签订了办学协议，并为 B 学院提供了大量的教授、专家的人力资源支持，这部分教授、专家在建校时通过参与筹备工作，担任副董事

---

① B 学院十年校史 [Z]. 内部资料 .B 学院图书馆，7-11.

长、院长等重要职务对 B 学院做出了重大的贡献，使 B 学院朝着正确的治理方向发展。

（3）出资方 G 省 K 房地产开发有限责任公司的经济支持。社会力量参与 B 学院的建设，对基础建设、师资招聘、教学设施购置等硬件条件提供了重要保障。从签署协议到第一届学生招生的近两年时间，出资方投入建设资金，选址、征地、建设等基础工作快速完成，确保了 B 学院成功从筹建过渡到正式招生阶段。

值得注意的是，在 G 省教育厅 2002 年 6 月《关于同意成立 J 大学 B 学院的批复》中第七条明确规定："B 学院要成立董事会，规范学院各项工作，制定学院的长远发展规划和完善的专业教学计划。"① 第八条也明确规定："J 大学要加强对 B 学院教育教学工作和学生工作的指导，做好教学质量监控评价工作，确保教育质量的稳步提高。"② 由此可见，政府对 B 学院的内部治理结构从建校之始就有明确要求，鉴于 B 学院独立学院的身份，母体学校也承担一定的监管职能。

B 学院在创办的过程中，虽主要依靠社会力量的资金注入，但离不开党和国家的对民办教育的政策引领，离不开政府部门对其管理体制的规范和政策支持，也离不开 J 大学在创办过程中提供的充分的人力资源和制度建设支持。

二、内部治理结构的探索建立

建校时，B 学院施行的是董事长和院长分设的管理体制，董事会主要由出资方和院长等组成。董事长由投资方 C 担任，院长前后由三名教授担任。这些参与建校的创办者都有丰富的高校管理工作经验，并且在省内公办院校具有较丰富的人脉资源，属于高等教育管理的"专家"。多年后，这些经历过建校的沧桑老人虽然已经迈入耄耋之年，但谈起 B 学院仍然是深情满满，

---

① G 省教育厅.关于同意成立 J 大学 B 学院的批复（G 教厅〔2002〕52 号）[E].2002-06-11.
② G 省教育厅.关于同意成立 J 大学 B 学院的批复（G 教厅〔2002〕52 号）[E].2002-06-11.

高度关注学院的后期建设与发展。

2002 年 6 月 18 日，根据《关于同意成立 J 大学 B 学院的批复》的要求，J 大学 B 学院的董事会正式成立，董事长由 G 省 K 房地产有限责任公司总经理 C 担任，副董事长由 G 省 J 大学 J 教授（第一任院长）担任。① 根据此文件批复可知，B 学院在正式成立始，内部治理就有社会投资力量和公办大学的教育专家，这些建校力量在建校时扮演了重要的角色，多元化办学力量让民办高校可以"术业有专攻"，社会投资力量也清楚办学校离不开从事多年教育工作的具有丰富学校从业经验的专家。同时表明，B 学院在创建之初不是以社会资本投入作为唯一来源的，而是由社会各界力量支持的。

多年后，就 B 学院的创办过程，《十年校史》的编纂者、曾任工商管理系主任的 Q 教授说道："学校从一纸批文开始，边建校，边招生，边招聘，在艰苦环境中超常规建立起来。学院领导班子从成立之日起就确定了'两手抓'的建院方针，一手抓规模，一手抓教学质量。"② 从以上内容可看出，在当时没有政府经济投入和财政支持的情况下，创办者凭借艰苦创业、无私奉献的精神克服种种困难将 B 学院创建起来，这些创办者都是 B 学院创建过程中的伟大奠基人物。

第三任院长 G 教授曾任 J 大学副校长，在母体大学有丰富的人脉资源，其到任后认为学院内部管理应该按照《中华人民共和国民办教育促进法》给学校定"规矩"，在内部治理结构方面，他认为，"院长和董事长一定要分开，董事会就管三件事：一是筹资，二是和院长一起确定办学方向计划，三是重要人事的任命。院长则负责主持行政教学工作。"③ 在建校之始，B 学院就面临着如何保障各方权益，调动投资方、专家力量的问题。各自的责权边界究竟在哪里，实践中如何因人而异、因事而异，形成学校治理的合力，是建立民办高校内部治理结构的关键。

---

① B 学院十年校史 [Z]. 内部资料 . B 学院图书馆，12.
② 引自 2017 年 5 月 29 日访谈笔记。
③ 引自 2016 年 9 月 4 日访谈笔记。

据《B 学院年校史》记载，"2002 年秋季，学院迎来了报到入学的 220 名学生，院长 G 教授在开学典礼上发表了热情洋溢的讲话。2002 年 10 月 23 日，首届学生正式上课后，B 学院召开了第一次院委会，G 教授主持会议，确定了学院的管理机构设置，明确了领导班子的分工。设院长 1 人，副院长 3 人，W 任常务副院长，分管理办公室、财务、后勤服务中心等部门，任命中层领导班子。教务处处长、土木工程系主任、工商管理系主任、外语系主任、学生处处长等均由 J 大学或省内著名大学退休的教授和专家担任"。①

在创办前期，B 学院不仅在管理体制上创新，在管理方式上也是独辟蹊径，摒弃了公办院校机构重叠、职能交叉、管理一盘棋的管理模式，充分放权给各部门负责人，极大地调动了各个部门的工作积极性和工作热情，为学院建院前期打开工作局面提供了条件。学校各部门由省内大学的退休教授和专家任负责人，公办高校的"移植"式的特点让民办高校很快在建设初期稳定下来，这种"移植"的特点和优势集中体现在内部治理结构的建设与演进过程之中。

据《十年校史》记载，"2003 年 7 月 7 日，学院召开学院董事会研究了管理体制，确定学院召开会议的形式主要有三种：一是学院董事会，主要负责研究决定聘任和解聘院长，聘请学院顾问、名誉院长，制定发展规划，批准学年工作计划，决定教职工的编制定额和工资标准，筹集办学经费、审核预决算，决定学校的分立、合并和终止等重大事项；二是学院院委会，聘任学院系、处、室负责人，主要研究决定教学、管理和后勤保障方面的重要工作事项，对涉及人事、财务等方面的重大问题及时向董事会提出申请报告；三是学院院长办公会议，由院长或者副院长召集有关系、处、室负责人，研究落实学院董事会和学院院委会的具体决议和会议决定的具体贯彻落实"。②

在投资方为主体的董事会与行政权力的博弈中，各自权责进一步明晰，"进一步理顺了学院的管理体制，进一步明确了学院的管理层次，为学院各

---

① B 学院十年校史 [Z]. 内部资料 . B 学院图书馆，12.
② B 学院十年校史 [Z]. 内部资料 . B 学院图书馆，12.

项管理工作的完善奠定了基础"①。

B学院经历了建校初期的艰难创办历程，在稳定局面，建立了"董校合一"的管理体制，具体职务变动表现在投资方C兼任董事长、院长，全面负责学校的管理。至此，B学院董事会成员担任重要行政管理职位，B学院正式步入"董校合一"的内部治理时期。

民办高校依据《中华人民共和国民办教育促进法》，实施董事会领导下的校长负责制。社会力量投资办学是民办高校得以建立和发展的重要条件，学校在发展过程中，对学校进行投资的社会力量，享有学校的产权，并且依靠出资人组建的董事会行使学校发展过程中的资源支配和使用权。

三、母校 J 大学的角色变迁

B学院的创建和发展离不开母体J大学的支持，由于B学院属于J大学的独立学院，J大学对B学院从建校至今的发展在除经济投资以外的人力资源、制度建设、品牌影响、就业扶持等方面都起到了重要作用。同时，依据成立时的批复文件规定，J大学承担着对B学院日常办学行为的指导和监督职能。从建校初B学院投资方K房地产有限责任公司一直与母体学校J大学签订有《办学合作协议》（以下简称《协议》），合同期为五年，五年期到后，根据实际情况再行续约。

随着时光流逝，《协议》也在J大学校长等领导的职位变化交替中先后两次续约。根据约定，母体学校校长退出B学院董事会，B学院随着规模的扩大和发展的变化，趋向于具有独立的办学自主权。在这一过程中，B学院内部治理结构趋向于稳定，董事会对学校的领导权与重大决策权直接影响着学校的发展。

随着我国改革开放和社会转型，尤其是《中华人民共和国民办教育促进法》和《中华人民共和国民办教育促进法实施条例》颁布实施后，我国的民

---

① B学院十年校史 [Z].内部资料.B学院图书馆，13.

办高校迎来了春天，难得的历史发展机遇使各地民办高校如雨后春笋般创办起来，B 学院正是在这种高等教育发展的社会历史背景下创办的。民办高校从无到有，从弱到强，办学规模不断增大，教育质量不断提高，办学特色逐渐凸显，慢慢形成了内部管理相对科学、具备一定学科建设水平的民办高等教育体系，成为我国高等教育组成中不可缺少的一股新生力量。

民办高校对我国高等教育的发展做出了积极的贡献。民办高校的出现，加快了我国高等教育大众化的进程，为广大学生提供了更多的接受高等教育的机会，改变了计划经济时代以来高等教育办学单一化的现状，解决了人民群众对高等教育的强烈需求和原有高校资源供给不足之间的现实矛盾。民办高校是高等教育社会化的产物，多种形式的办学丰富了我国高等教育的办学机制，推进了办学体制、管理体制和学校内部运行机制等具体大学制度改革的深化。

民办高等教育是我国改革开放以来高等教育社会化的产物，在 40 多年的创建历程中，民办高校的内部治理结构也在不断摸索创建。作为新生事物，很多民办高校在建立和发展的过程中经历了艰难的探索过程，地处我国西北经济欠发达地区的 B 学院亦是如此。内部治理结构的建构过程是十分曲折的，会经历诸多困难和挫折，甚至会因为内部治理结构的不完善而付出沉重的代价。多年后，在建校之初克服困难的艰苦创业精神仍然是 B 学院的宝贵精神财富，在后来办学者的传承和弘扬下成为 B 学院所特有的办学精神，不断激励着所有管理者和教职工勇往直前，开拓学院发展的新局面。

第三节　投资者主导的内部治理结构集权化发展阶段

2003 年 6 月—2016 年 9 月，是 B 学院建校以后的大部分发展阶段，也是其具有代表性特点的内部治理结构的鼎盛期。这一时期，B 学院的创始人和投资者 C 在内部治理结构的演变方面起了重要的作用，其兼任 B 学院董事长和院长双重职位。

C 任职董事长和院长的近 13 年时间占据了 B 学院绝大部分的办学历史，在此期间，B 学院的学科专业数量和在校生规模呈递进式增加的态势。随着生源越来越多，管理机构和人员也不断庞杂，以至于 C 兼任院长的十多年后，B 学院领导班子由建校时期的 1 正 3 副 4 人，扩充为 1 位院长、1 位党委书记、1 位执行院长、2 位党委副书记、4 名副院长共 9 人，学院行政管理机构也由原来的 7 个增至 13 个，教学机构也基于专业的增设由原来的 5 个增至 12 个。

在这一时期，"自我积累"的 B 学院经历了规模"由小变大"的过程，尤其是 2013 年招生人数达到了历史最高点，实际报到 3368 人，从 2003 年到 2013 年人数实现了稳定的增长。2013 年到 2016 年期间，由于省内招生计划指标的限定，年均招生人数在 2600 人左右，基本维持在稳定状态。B 学院在蓬勃发展的同时，也存在着因建校历史短、资源短缺而致的教学质量持续低下、高职称师资力量主要依靠兼职教师、管理人员流动性较大等问题。从 B 学院这一阶段的整体发展来看，办学定位基本准确，善于抢抓政策机遇，对外宣传聚焦专业特色和就业优势，核心管理队伍和中青年师资队伍普遍忠诚而干练。

一、权力架构

在 B 学院的内部治理结构变革的过程中，投资方 C 因在实际管理中长期兼任董事长、院长起了举足轻重的作用，内部治理结构中的权力架构是怎样的？呈现什么样的权力结构？本部分从内部治理结构的"静态"描述分析其权力架构。

（一）院级领导组成

自董事长和院长兼任之后，C 开始在管理高层引进培养高效干练的管理者，如某副院长，从G省公安厅副厅岗位退休，于2003年10月到校工作；某党委副书记，从武警部队团职干部退伍，于2004年3月到校工作。民办高校用人机制灵活，B学院建校初面向社会招聘管理人员，主要集中于政府部门干部、公办高校离退休干部等。

　　如表2-3所示，2017年，B学院董事会共有3名成员组成，分别是投资方C，任董事长、院长；F，任副董事长、执行院长；W，任董事、党委副书记、常务副院长。

表2-3　董事会和学院领导及职务分工表

机　构	职　务	担任者	分管工作
董事会	董事长	C	
	副董事长	F	
	董事	W	
学院	院长	C	主持工作
	党委书记	J大学指派	党委工作
	党委副书记、常务副院长	W	党委、校产
	执行院长	F	财务、人事、院办
	副院长1		图书馆、体育馆
	党委副书记		党办、宣传
	副院长2		教学
	副院长3		学生管理
	副院长4		后勤、基建

（二）管理组织结构

　　B学院设有学院办公室、党委办公室、教务处、学生处、财务处等行政部门 13 个，教学管理部门 12 个。B 学院内部治理结构采用"董事会领导下的校长负责制"，董事会成为内部治理中重要的力量，一方面董事会成员兼任重要行政管理职位，另一方面学院的重大决策和发展规划都由董事会做出。

B 学院长期以来，基本沿用公办院校的内部管理体制，但也有与公办院校不同之处，从校级领导分管部门结构图（图 2-1）就能看得出来。

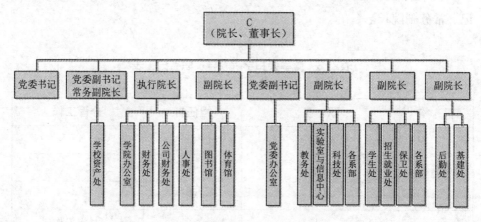

图2-1　B学院行政管理结构图

从图 2-1 中可看出，校级领导以董事长及董事会成员为核心，各副院长分别负责专项工作。与 B 学院类似的民办高校，其领导与管理核心以董事会为核心，形成了"董事会领导下的校长负责制"的实际权力架构，这样的实际权力架构与公办院校的根本区别在于董事会的领导，以社会力量为投资主体的 B 学院董事会处于行政管理的核心。

（三）办公室房间布局

B 学院的领导和管理部门办公室集中位于共 12 层高的主教学楼的 10～12 层，其中 11 层是主要领导办公室的"聚集地"。具体空间布局如图 2-2 所示。

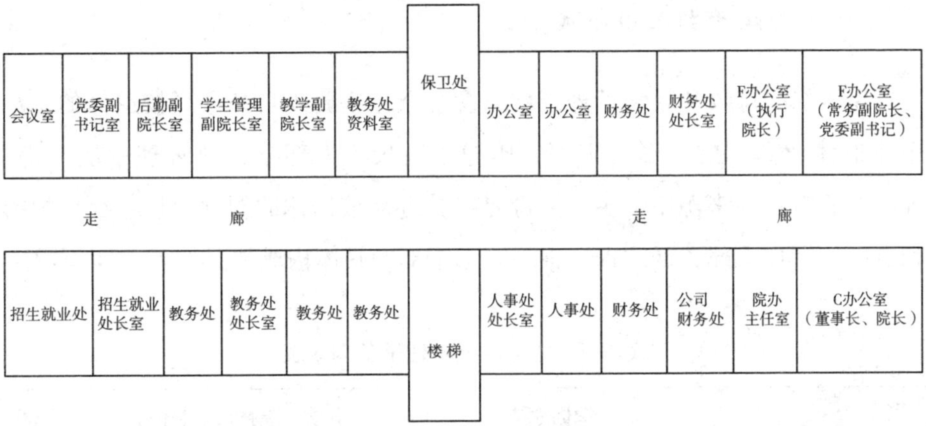

会议室	党委副书记室	后勤副院长室	学生管理副院长室	教学副院长室	教务处资料室	保卫处	办公室	办公室	财务处	财务处处长室	F办公室（执行院长）	F办公室（常务副院长、党委副书记）

走　　　廊　　　　　　　　　　　　　　　走　　　廊

招生就业处	招生就业处长室	教务处	教务处处长室	教务处	教务处	楼梯	人事处处长室	人事处	财务处	公司财务处	院办主任室	C办公室（董事长、院长）

图2-2　管理部门办公室空间分布图

行政管理部门和学院领导办公室的整体布局受制于办公场地，稍显"庞大"的行政管理部门位于董事会成员办公室周围。从学院领导个人的办公室安排来看，具有明显的管理层级的特点。从机构设置的角度来看，除学院领导个人办公室外，办公室、财务处、人事处三个核心部门处于董事会领导办公室周围，位于楼梯间的东侧；楼梯间的西侧安排了教务处、招生就业处的办公室，教务处管理人员较多，占据办公室间数也较多，招生就业处因对外接待业务较多，位于会议室对面的大办公室；保卫处位于走廊中间的"关键"位置，肩负着维持稳定办公秩序的责任，也便于及时处理突发紧急事件；其他行政部门诸如党办、学生处、后勤处都位于11楼以外的主教学楼各层。

尽管民办高校在内部治理结构建设的初期，主要依赖对公办学校的简单"模仿"，但在发展过程之中，民办高校演变出以投资者——董事会为核心的"董事会领导下的校长负责制"内部治理结构。这种治理结构是以 B 学院为代表的民办高校在执行《中华人民共和国民办教育促进法》等法令的过程中，摸索建立的适合民办高校自身的治理方式和结构。

（四）管理干部队伍组成

B学院的行政和教学管理干部来源复杂，主要来自公办高校退休的、从企业退休或离职的、军转干部、毕业生留校（大部分行政管理中层干部）等。在所有这些来源中，主体来源是各公办高校退休的领导教授、社会招聘和自聘的管理干部。据调查，中层以上干部的具体构成情况如表2-4所示。

表2-4　中层以上管理干部构成表

来源	学院领导			中层（副处、主任以上）干部		
	数量（个）	硕士以上占比（%）	副高以上占比（%）	数量（个）	硕士以上占比（%）	副高以上占比（%）
投资者及亲属	3	33.40	0	1	0	0
母体院校派驻	1	100	100	0	0	0
公办高校退休	2	50	50	1	0	100
企业转岗或退休	1	0	0	4	0	0
部队转业	2	50	0	0	0	0
公务员退休	2	0	0	1	0	100
本科以上人员	0	0	0	35	45.70	0
留校的本科生	0	0	0	16	0	0
合计	11	36	18	60	26.70	0

从表2-4中可以看出，B学院的管理人员来自不同行业，背景复杂，学历和职称普遍较低，突出表现为管理人员缺乏从事过高等教育管理工作经验的专业人员。

由于管理干部队伍的来源不同，他们的工作动机、工作方式都有明显的分类特点，具有相同从业背景的管理人员具有相同的价值观和工作态度。不同背景的人员在B学院干部任用上也有特点。学校院级领导除董事会成员之外，其余成员均是年龄在60岁左右的管理干部，整体呈现老龄化趋势，学历层次不一，具有高校管理工作经历的人员较少；执行层和基层组织的大部分管理队伍由年龄在 40 岁以下的人员组成，学生处和各系学生管理工作大部分由来源于部队转业或留校学生的管理人员负责，教学管理部门的人员学历和职称水平相对较高；年龄在 35 岁左右的行政管理干部大部分来学校工作已有 10 年以上，形成了相对稳定的执行层骨干力量。

（五）财务工作管理

财务工作在 B 学院治理结构中具有重要的地位，投资者对财务的控制权是最为看重的。学校董事会通过各种制度、规定确保财务工作的高效与保密，财务处直接受副董事长分管与领导，且很多业务和数据是严格保密的。

B 学院财务工作多年来严格执行"一支笔审批"制度，财务签字权由董事长 C 拥有，这项制度在提高资金管理效率的同时，也让财务工作陷入预算不足、周转困难的困境。"一支笔审批"制度由于缺乏对审批者的监督，使B 学院财务工作也缺乏透明度，资金流转不明朗，资金压力逐年增大。

（六）人事工作管理

民办高校的人事工作管理为学校发展提供稳定可靠的人力支持，高水平教师队伍建设是提高办学质量和水平的重要因素。B 学院的人事工作由 C 院长直接分管，C 院长对人事工作十分重视。区别于公办院校，B 学院的教师没有事业编制，教师直接与学院签署五年期的劳动合同，这种类似"企业"式的人事管理制度让学院一线教师普遍觉得没有归属感，因而教师流动性较大，一旦有较好的就业机会，学校教师就会选择离职，另行择业。据调查，B 学院的人事工作管理有如下特点。

一是越来越重视"留住人才"。B 学院近年来注重提高教师待遇，积极研究和落实多项政策，努力实现"待遇留人、感情留人、事业留人"的整体人事工作目标。2012 年，学院整体购进住房 264 套，以低于标准市场价的价格出售给教职工，很多青年教师选择购买，在 B 学院安家落户。学院不断改善高层次人才住宿和住房条件。

二是成立学校工会，完善民主管理制度。2017年，B学院成立学校工会，由一名副院长兼任工会主席，工会定期举办文娱形式的集体活动，提高教职工的凝聚力。在元旦、春节期间，工会根据制度为教职工分发米、面、油等节日慰问品。

（七）权力结构

B学院多年来在《中华人民共和国民办教育促进法》的规范和引导下，形成了"董事会领导下的校长负责制"的内部治理结构，学院发展的重大决策与重要制度均由以董事会为核心的领导集体决定。具体而言，B学院的权力结构从纵向来看，董事会、院长、党委书记、副院长等高层领导处于核心决策层，董事会三名成员兼任重要行政管理职务；学院各行政管理部门处（室）、教学系（部）以及教研室、专业组等机构组成了决策权力的执行层，对学院重大决策和日常事务进行管理和具体执行；基层的执行部门包括各个学生社团、学生会、教学班（组），这些组织具有以相近专业进行设置的特点，人数较多的土木工程、机械设计制造及其自动化、会计学等专业具有10～20个不等的班，人数较少的电子商务、给排水工程、工艺美术等专业则只有1～2个班，同一专业或相近专业的2～3个班由同一名辅导员负责管理，由于各系专职教师岗位较少，基层班主任、辅导员的工作任务比较繁重。

B学院的内部权力结构如图2-3所示。

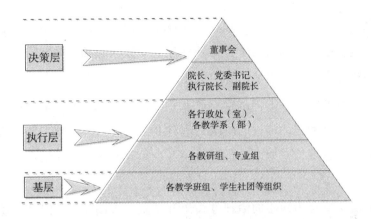

图2-3 B学院内部权力架构图

B学院的权力架构呈现明显的一元性和单向度的特征，所有权力都高度集中在以董事会成员为核心的决策层手中。这种"集权—分权"的制度安排，实际上在科层组织的纵向方面进一步强化了"魅力型统治"所具有的高效率。

由于民办高校是办学者投资办学，因此办学者考虑的重要出发点是办学效益，如B学院的营利目的与行为特点十分明显，对内十分注重节约，对能省的地方都能做到省之又省。这样的实践做法会使民办高校注重资源利用，内部治理趋向于以经济决策为主。

二、权力运行

民办高校内部权力在实践中如何运行？有什么独有的实践逻辑与特征？本部分将从B学院实际管理案例中分析不同权力"动态"的运作状况，并借此分析民办高校权力运行机制中存在的问题。

（一）投资者的核心权力地位

一所学校的气质取决于校长的气质，正如陶行知先生说："校长是一个学校的灵魂，要想评论一个学校，先要评论它的校长。"①B 学院在建校及后期发展的过程中，董事会对学校的硬件建设与投入起到了关键的作用，在早期学校的资源投入中承担了主要的责任。

基于投资者为主体的内部管理让 B 学院在建校之后的大部分发展时间处于投资者占主要治理话语权的阶段，从对 B 学院的内部治理主体的访谈和观察案例来看，董事长 C 对学院的重大事务决策具有较强的话语权。学院内部逐渐形成以董事会为核心的治理体系和结构。

这种以董事会为核心的治理方式让 B 学院一方面发扬了民办高校办学过程中艰苦奋斗和勤俭节约的优良作风，在艰难的环境下克服困难，将学院发展壮大；另一方面也有"不利"之处，学校如若按照企业经营的方式来强化管理，造成的结果就是本应用于教育教学的正常资金投入被削减甚至取消，教育的育人功能往往受到无形的影响。

（二）其他权力主体的地位

民办高校是多元主体治理的社会组织，除投资者之外，党组织、学术组织、民主群体组织等也是治理的重要主体。如 B 学院内部是比照政府党政机关、公办高校的级别来设置学院管理机构和任命管理干部，内部权力类型具有多样性，运作具有复杂性。多元权力主体共同构成了 B 学院内部治理的整体结构，不同治理主体各司其职，各负其责，形成了完整的治理结构体系。除投资者之外，其他权力主体的运作特点如下。

第一，党组织的政治领导地位。自十八大以来，党要管党、党是所有工作的领导力量的理念在深化改革的过程中深入人心，社会主义各项事业的面貌焕然一新，我国高等教育也因此有了长足进步，党对高等教育事业的绝对领导地位也得以确立。民办高等教育的发展离不开党的政治领导，但在民办高校这样独特的大学组织中，如何突出党对民办高等教育事业的领导，通过

---

① 陶行知．陶行知全集：第一卷 [M]．长沙：湖南教育出版社，1984：473．

党建引领办学方向，却是一个具有独特性的党建研究课题。

B学院坚持和落实《中华人民共和国民办教育促进法》中规定的"董事会领导下的校长负责制"，学院党委属于母体J大学的基层党组织，受上级党组织领导，对民办高校的办学具有监督职能，保障民办高校的社会主义办学方向。B学院党委通过党政联席会等形式参与学院的"三重一大"事务决策，党委设置齐全，制度规范。

民办高校的党委按照党章开展党的活动，发挥党组织的政治核心作用，确保学院始终坚持社会主义办学方向。区别于公办院校的党委领导下的校长负责制的管理体制，民办高校的董事会领导下的校长负责制体现了党和国家对民办高校办学体制的灵活运用和对法人合法地位的尊重。党在意识形态领域对民办高校的领导还需要从对经济权力的制衡做起，加强党对民办高校管理队伍的思想政治建设，提高对党的教育方针和政策宣传与执行的力度，创新党建工作方法，充分发挥监督保障作用，确保民办高校的社会主义办学方向。

第二，学术组织的权力。学术权力是民办高校组织开展学术活动的重要保障，是民办高校发挥社会服务功能、提升办学质量的关键力量。B学院建立了"学院—系（部）—专业"的分层学术组织，保障学术活动顺利开展。在学院层面，设置有学术委员会、职称评审委员会等机构，对学位评定、项目申报及职称申报评审等活动进行民主评议。这些委员会机构主要由董事会、行政管理人员、系（部）负责人、专业负责人、高级职称教师代表等组成，不定期召开会议组织和评议学术活动中重要事项。

其三，民主权力。依据《中华人民共和国民办教育促进法》和《中华人民共和国民办教育促进法实施条例》的相关规定，民办学校要设立监事会，对董事会的决策活动进行监督。

有学者曾在调研之后发现："民办高校教师处境具体表现为教师身份编制不明、薪酬待遇偏低、社保双轨制、职称评聘不畅、专业发展和参与学校民主管理受限。"①B 学院也面临这样的实际困难，学校各治理主体参与治理的主动性和积极性较高，但如何通过权力和权益的实际保障，让不同主体成为具体事务的决策者和行动者，仍然需要民办高校内部治理改革朝这个方向努力。"民办高校的管理者尚不能适应学生权力意识增强的现实，其权力关系随着社会的发展，正经受着理论和实践的双重冲击，尤其随着民事法律关系的方向转变，许多高校管理者还不能适应这种转变。"②

在民办高校内部治理结构的权力配置机制中，教职工代表大会、工会等群众组织本应行使监督权，因为教代会、学代会是教职工、学生行使民主权利、民主管理学校的重要形式。B 学院由于建校时间短，内部治理处于建构与发展过程之中，尽管十分重视通过民主组织加强学校的内部治理水平，但相比历史发展较长的公办学校，其工会、教代会、学生会参与治理的能力与效果仍然有限。

总而言之，在 B 学院快速发展的第二历史阶段，其内部治理结构趋向于不断稳定，对学校发展与提升质量起到了重要的保障作用。民办高校的内部治理结构是在实践中不断探索的产物，具有对民办高等教育具体问题的适切性，普遍注重治理效果，强化治理过程，以节约办学成本、提高治理决策效率为基本导向，努力促进民办高等教育快速发展和提升质量，形成了具有民办高校特点的内部治理结构。

---

① 景安磊 . 民办高校教师权益实现的问题、思路和措施 [J]. 国家教育行政学院学报，2014（12）：63.
② 方婷，黄小忠 . 我国大学权力结构中学生权力缺失现象的思考 [J]. 教育科学，2006（6）：65.

第四节　董校分设的内部治理结构分权化发展阶段

2016 年 9 月—2017 年 12 月，是 B 学院董事长和院长分设的分权化发展阶段，内部治理结构以分权为路径开始了共治的积极改革。内部治理结构以分权为路径，引入了共治的治理理念，经历了一系列的变革和完善。随后，在一年多的时间里，以董事长和院长职务分设为始，D 院长加入顶层决策层，内部治理权力开始分化，B 学院走向了民主化、科学化、法治化的改革之路。

2016 年 9 月 15 日，C 辞去院长职务，B 学院董事会聘任 D 为院长，董事长和院长分设，内部治理结构发生重大变化。B 学院在 D 出任院长之后，内部治理结构开始了积极的变革。

一、办学理念的反思

D 院长原是 G 省省内某公办二本高校的校长、党委书记，正厅级职务退休，是 G 省内有影响的教育管理专家，具备丰富的高等教育管理经验。新聘 D 院长与大家的见面是在一片祥和融洽的气氛中进行的，C 董事长向大家宣读了两份董事会文件，一份是关于同意 C 同志辞去院长职务的决定，另一份是新聘任 D 为院长的决定。随后，D 院长在一片期待声中发表了讲话，他首先用大篇幅说了 C 董事长对 G 省教育事业做出的不可磨灭的贡献，他表态道："……我一心只想把学校办好，对董事会负责。"同时，他在具体工作思路中讲道："学院的任何工作都要遵循教育规律，因为办学校，所以企业规律一定要服从教育规律。"①

D 院长的到任带来了对"用企业规律办学"的思考，坚持"教育规律"

---

① 引自 2016 年 9 月 15 日会议观察记录。

办学是其主导的办学立场。D 院长自上任始便亲自到各行政部门和教学部门调研，对具体情况实地进行了解，并很快提出了具体的办学思路和目标，广大师生很快从中感受到学院工作方式和管理观念的转变。民主的管理方式和亲民的人格魅力使 D 院长赢得了众多教职工和学生的交口称赞。

新任 D 院长到任后，在开会的时候谈道："一个学生，对老师来说就是三十分之一，对校长来说就是一万分之一，可对他的家长和家庭来说，就是百分之百。所以说，老师们要对每一个学生负责。"[①] 同时，他经常在会上讲"我们要用大学的思维来办事"，他总结的办学思路中有"两个中心"，即以教师为中心、以学生为中心。

民主人本的治理理念带来具体工作方式的转变，原来"唯上不唯实""报喜不报忧"的工作作风被否定并得以改变，倾听基层的声音成为常态做法。在具体决策执行过程中，B 学院越来越注重应用"讨论""交流""沟通"等参与式的工作方法，师生对于学校的事情普遍敢于发声，敢于向学院管理层直言相关意见和建议。

2017 年底，G 省教育厅以文件形式下发了关于分类登记管理制度的讨论稿，引发了 B 学院广大管理干部和教职工的热议。关于类似的讨论，在共治型内部治理结构中各方力量都能够表达自己的想法，民主式的表达代表着参与共治的各方力量的博弈。敢于讨论，勇于发声，民主的参与力量使 B 学校内部治理不断趋向于合理化、科学化、民主化。

分类登记制度实施以后，民办高校面临着"营利性"和"非营利性"登记的抉择。B 学院再次掀起了关于投资者"合理回报"的讨论，更多人有意选择"非营利性"的发展道路。在这个 B 学院发展的重要节点上，基层民众关于选择"非营利性"的呼声日渐高涨，D 院长也能积极倾听民意。在这种事关学院未来发展前途和每个人自身利益的大事上，"分歧"和"隔阂"变得越来越少，学院决策层也慢慢开始倾听基层民众的声音。民主化的治理理

---

① 引自 2016 年 12 月 16 日会议观察记录。

念不仅给B学院管理观念带来变化，也带给决策层、管理层工作方式的变革，科学化、民主化的共治管理模式已初步建立。

企业家式与教育家式的治理理念和思路存在明显的不同，治理理念的变化带来更多治理实效的提升和变化，以共治为手段的治理改革不断步入善治，使B学院内部治理改革越来越符合高等教育的本质与规律。实践决策也在不断变化，在D院长为首的新任院领导集体的调研和呼吁下，董事会于2016年底制定了工资改革方案，教职工的人均工资增幅在30%左右。教职工的工作积极性和主动性大大提升，主人翁的意识不断提升。

B学院的内部治理改革体现了民主人本的治理理念。保证教师和学生充分行使民主治理权力，将权力分配给不同治理主体，进而推进内部治理结构的民主化改革，这既是民办高校遵循以人为本的办学理念、尊重师生作为大学治理主体的主人翁地位的表现，也是对民办高校学术自由特性的充分体现。民办高校的内部治理结构更应该体现出民主、平等、科学、法治的特点，不断吸取各方先进的管理理念，实现不断的超越和革新。教职员工和学生等群体通过民主化的治理充分行使自己的民主权利，这样的做法能够使这些基层群体从改革的旁观者和管理的对象转变为管理的参与者和经历者，从被动地接受管理和服从安排与决策变为主动地参与管理提高效率，同时成为民办高校内部治理改革的直接受益者。内部治理改革的措施需要师生正确认识并积极行动，将改革的阻力变为发展的动力。

二、管理体制的变化

B学院从共治的介入开始，管理体制产生了一系列的变化。C院长辞去院长职务，留任董事长职务，聘任D院长。这一做法是多元共治理念实施分权治理的第一步，内部治理结构正在从集权走向分权，由一元走向多元。B学院对院领导班子进行了调整，引进三位公办院校离退休的教授、让专家分管教学等重要工作，三名院领导学历职称层次较高，并具备丰富的高校管理经验。校级管理层的人员变动体现了学院"专家治校"的思路，引进专业人员从事教学管理等专业工作，给学院的各项工作带来规范化、制度化、科学化的转变。院领导的学历、职称比有了一定提高，如表2-5所示。

表2-5 中层以上管理干部构成表

来源	院领导			中层（副处、主任以上）干部		
	数量（个）	硕士以上占比（%）	副高以上占比（%）	数量（个）	硕士以上占比（%）	副高以上占比（%）
投资者及亲属	3	33.40	0	1	0	0
母体院校派驻	1	100	100	0	0	0
公办高校退休	3	100	100	1	0	100
企业转岗或退休	1	0	0	4	0	0
部队退伍或离休	0	0	0	0	0	0
公务员退休	1	0	0	1	0	100
本科以上人员	0	0	0	35	45.70	0
留校的本科生	0	0	0	16	0	0
合计	9	55.56	44.44	60	26.70	0

调整之后领导层的变化尽管不是翻天覆地的，但工作作风的改变是十分明显的。首先，在教学管理方面，对兼职教师管理进行了规范，对讲课不负责、出现教学事故的兼职教师予以解聘，兼职教师的敬业精神进一步提高；开展青年教师讲课比赛，在青年教师队伍中形成了比教学能力、互相交流学习的良好氛围。其次，在后勤基建工作方面，后勤服务人员责任心有所提升，工作分工也相对更为合理，在新校区道路拓建、煤改气锅炉改造、天然气协调供应、三期征地手续办理等遗留问题上有实质性突破。最后，高层院领导与基层教师、学生的距离逐步缩小，这一阶段还部署了工会的筹建等工作。

　　B学院尽管大大提高了管理者的专业领导能力和水平，体现了专家治校的管理特征，但是也引发了部分教职工的质疑和忧虑。内部治理结构的完善是系统性变革，影响内部治理结构水平的因素有很多，实施专家治校不仅仅是授予懂教育、熟悉教学管理的教授、专家以职位，关键还在于提供其施展能力的权力平台。

　　在D院长的带动下，B学院管理体制有了一系列新举措和变化。学校工会开始筹建并通过省总工会批准成立。关于学院工会的建立，D院长在工会成立大会筹备会议上讲道："工会是维护教职工合法权益的群众组织，在我们学院建立工会是上级主管部门的指示和关心、是建立现代大学制度的必然要求。……我和X书记在任期内一定要将此项工作（建立工会）完成，帮助大家搭建一个维护自身合法权益的平台。"[①]

　　民主式的管理方法使B学院的每个人都乐于分享，善于交流，积极通过商讨协作的方式来共同克服工作中存在的困难。B学院内部治理结构的民主化进程也随着学校的历史发展不断推进，董事会由投资者、办学者、社会贤达、合作单位等多方人士共同组成，为学校重大事项提供了议事决策的平台。

　　在完善的内部治理结构中，投资者、决策者、管理者和教职工等办学利益相关者都应出现在董事会中，形成责任分担、利益共享的和谐关系，促进所有利益相关者对决策、管理、监督的有效参与。对此，在《中华人民共和国民办教育促进法》也有明确规定，要求民办学校的理（董）事会成员中1/3以上应是具有5年以上教育教学经验者，还规定应有教职工代表参与理（董）事会。

　　民办高校作为一个以学术性为主要特征的复杂的社会组织，内部治理结构运行除了大学共有的行政权力、学术权力、教职工权力和学生权力外，还有党委权力，这些权力运行的定位和交叉，在改革这个利益调整的焦点上，

---

① 引自2017年6月29日会议观察记录。

体现得更加充分。"现代大学面对的外部环境是多变和模糊的。外部环境信号的不确定性和难以解释性，必将会增加学校内部决策过程的模糊性。"[①]与一元化刚性管理相比，多元治理更显动态和权变特性，这是由大学当前的环境及组织特性决定的。

B学院的管理体制变化以走向分权多元为特征，内部治理不断走向科学化、法治化、民主化。"一个组织的科学、健康发展，最适合的保障措施就是保护人们免于集团专制，最基本的保障措施就是进行权力制衡，在内部管理中建立基于民主、平等管理理念的有效的平衡与制约机制。"[②]改善民办高校内部治理结构生态，促进决策的制定和在多元化的治理主体博弈过程中形成更符合实际的科学、合理方案，改进内部治理中的集权管治，就必须引入相对独立于以投资者为主体的董事会的"另一方"，并保障他们参与决策的合法权利和平等地位。

三、战略重心的变革

内部治理结构的调整和变化也体现在学校重要发展战略的变革之中。教育家出身的D院长有多年的高校从政经历和丰富的管理经验，任职后在规范内部管理体制的基础上，制定了学院的科学发展规划。在民主人本的治理理念带动下，科学的发展规划指引和推动具体工作健康发展，内部治理呈现不断科学化的趋势。

在经过充分调研、反复论证之后，D院长召开全院教师大会，在大会上他发言介绍了他的办学思路，明确提出"32321"发展战略及办学思路，即"坚持党的领导，坚持依法治校，坚持教育规律；以学生为中心、以教师为中心；加强党务工作，加强教务工作，加强总务工作；定期向教育主管部门

---

① 龙献忠.高等学校组织结构分析及改革研究 [J].湖南师范大学教育科学学报,2004（1）:34.

② 黄洪兰，姬华蕾.共同治理：非营利性民办高校内部治理模式走向 [J].现代教育科学,2013（7）:50.

和母体学校报告工作；及时向董事会汇报具体工作"。[①] 同时，在年初与各部门分别签署《岗位目标责任书》，将具体工作内容进一步细化，年终考评深入实地检查落实情况，工作开展有目标、有行动、有方案、有落实。

潘懋元先生认为："质量是民办高校生存与可持续发展的生命线，也是社会与家长最关心的问题。"[②]D 院长坚持突出质量和特色的内涵式发展道路。通过前期调研，D 院长针对发现的问题提出了"找准位置、厘清思路、定好目标、借力发展"的十六字办学方针。[③] 基于学院比较沉重的债务负担，D 院长也不赞成过度的规模扩张，他认为现阶段不宜再做不符合经济实力的基建投资，而要将重心放在提高教育教学质量上来。

在 D 院长的牵线和组织下，学院领导和教务、学生、人事、财务等核心部门领导到省内四所办学水平较高、专业设置较接近的学校进行交流学习，B 学院将该四所本科院校的党委书记、校长、教学工作副校长都聘为学院的名誉顾问，就 B 学院下一步的学科发展达成具体的合作协议。D 院长将此举总结为"借力发展"，是其十六字办学思路中的重要一项。

B 学院这些重大发展调整体现了民主化、科学化内部治理结构改革带来的积极变化，共治的介入使学校的各利益相关方能够充分发挥各自智慧，达到多方努力、实现集体利益的良好态势。民办高校拥有比高校灵活的办学机制，通过开放交流、拓宽视野可以帮助民办高校突破封闭办学的"圈子"，学习公办院校的先进管理做法，实现"后发赶超"的跨越式发展。对外坚持"走出去、请进来"的开放办学态度，对内坚持以问题为导向的工作作风转变改革。

内部治理结构的改革也带来了工作作风的积极转变。2016 年 10 月，D 院长举行专门会议，安排部署了"三风"整治行动，即教风、学风、行政工作作风转变，让各教学、行政部门结合工作实际，制定工作作风转变行动细

---

① 引自 2017 年 3 月 16 日会议观察记录。

② 潘懋元.民办高等教育持续发展问题 [J].浙江树人大学学报，2006（4）：1.

③ 引自 2017 年 4 月 16 日访谈笔记。

则并付诸实施。"三风"整治行动的安排和行动，推动了"说真话，办实事"的工作作风转变。学院党委副书记在年终考评时，在人事处的实地考评会议上发表以下言论："对于学校的人事工作，首先要依法办学，法律不允许的事绝对不干，不合法的地方坚决要改；干人事工作，要讲人情，不论干什么工作，都要有人情味，要讲仁义、道德，要讲良心，追求真理。"[①]

D 院长带给学院以质量发展为本的内涵式发展观。他到任后的一系列改革做法让教师和学生都觉得是"工作作风有所转变""教学水平在不断提高""学生学风在逐渐好转"，B 学院教育教学质量在实实在在地提高。

B 学院在"分歧"和"争论"存在的基础上，不可避免地在重大事项的决策上出现了不同的声音，无疑这种分歧使得 B 学院决策科学化水平不断提高。多元主体共同治理能在规范教学秩序、保证教育质量的基础上实现民办教育资源效率的最大化。当董事会、校长、党委书记、师生、社会组织等参与到多元主体治理，分别履行各自的职能之后，各个利益相关主体成了办学主体，整个民办教育资源的使用效率提高了，办学秩序和办学质量也得到了有效保证。B 学院内部治理结构的变革正在引导学校战略重心走向以质量为内涵的规范化发展道路。

四、评价机制的创新

B 学院在 D 院长到任后，从上至下层层签署了《岗位目标责任书》，董事长与院长签署，院长与各部门负责人分别签署，这样使工作目标更明确，实施步骤更具操作性，年终考核也主要以《岗位目标责任书》的完成和落实情况为准进行评价。部门年终考核时，学院领导深入各部门进行调查了解，对于具体问题实地商讨解决方案，督促形成下一步整改方案。考核评价也以民主测评为主，以事实为准绳，评价方式更显民主，评价结果更符合实际。

---

① 引自 2017 年 1 月 6 日会议观察记录。

在 B 学院内部治理结构改革的第二、三阶段，整体上内部治理趋于稳定与合理，学校的制度改革也不断健全，走向科学化、系统化的制度体制建设阶段。在教学管理方面，D 院长针对兼职教师上课较散漫的情况专门开会研究兼职教师管理方案，在全院范围内施行院领导推门听课制度，加强教学质量和课堂教学纪律考核，突出教育教学业绩评价，将人才培养中心任务落到实处。为防止人才评价行政化、"官本位"倾向，B 学院在学位授予、科研项目立项等学术事务上充分发挥以教授为主的学术委员会的作用。

民办高校管理者应当以开放的心态积极交流学习先进管理经验和做法，对内结合自身实际建立以人为本、发掘每个人发展潜能的教学管理体系和科学的评价体系，在教学管理的评价标准和评价方法方面，尊重每个学生的人格理想和个性特长，培养身心全面、健康发展的适合社会需要的优秀人才，从根本上将"人的发展"作为评价核心和各种具体工作的出发点，重视育人，重视教育教学质量，确立"以人为本"的教育治理的核心价值观。

完善民办高校内部治理结构不仅应包括构建治理结构，还应包括优化治理过程、提升治理质量。"大学作为一种公共组织和学术组织，具有双重使命，既要追求公共利益，也要追求学术真理。大学治理的有效性评估必须基于大学的双重使命，大学治理结构的有效性评估可以从形式有效性和实质有效性两个维度来开展。"① 所谓"形式有效性"维度，指评估民办高校内部各利益相关者是否拥有治理的参与权和学校管理的决策权，以及在治理过程中究竟拥有多少参与权和决策权；所谓"实质有效性"维度，指评估民办高校内部治理结构中董事会权力、政治权力、行政权力、学术权力、民主权力等是否能够在治理过程中统一协调，各项权力的运行以及它们之间的沟通协作是否能够帮助民办高校完成大学的使命。两者之中，前者重在体现参与原则，后者重在体现效率原则。

B 学院在形式的有效性方面从原来的以投资者为绝对主导的集权管理制

---

① 朱家德.提高大学治理的有效性[J].中国地质大学学报（社会科学版），2012（6）：123.

模式转向校长、党委书记、工会主席等多方人士参与决策的民主治理模式，充分体现了参与的原则，大大提高了治理的"形式有效性"。党委书记列席会议，教学和科研事务由专家、教授管理等做法均是"实质有效性"的体现，各种权力运行较以前更为流畅，治理效率明显提高。

B学院的内部治理结构也体现了"理性监督、友好制衡"的原则。孟德斯鸠曾指出"一切有权力的人都容易滥用权力"[①]。广大教师以教代会（工会）抑或其他形式的职业共同体对教师聘任工作进行民主管理和民主监督，切实维护教师自身权益。一方面，教师借助"权利"来制约行政权力的运行，通过讨论、建议等方式参与评聘政策的制定，做到参"评"议"聘"，使得行政权力在阳光下运行，保证教师聘任工作的科学性和民主性；另一方面，学术主体主导的学术事务也须置于教师民主监督的视野。与此同时，教师职业共同体必须做到友好制衡和理性监督，在教师聘任工作的各环节要参与但不干预，要主动但不盲动，要避免缺位又不能越位。广大教师紧密围绕聘任工作的难点、重点、关键点建言献策，立足聘任运行的盲区、利益区、薄弱区理性维权；保持与董事会、党委、行政、学术主体在思想认识上高度统一，具体行动上整齐划一，职责行使上各行其道，权力发挥上友好制约，利益实现上合理平衡，实现教师聘任工作多元主体参与治理的良性运行。

B学院上述内部治理改革体现了评价机制方面的有效创新，使评价转向绩效评估。科学的评价机制是完善民办高校内部治理结构的重要保证，对建立科学的治理结构具有突出的导向作用。

五、变革的困难和困扰

民办高校内部治理结构的变革实际是利益相关方通过权力博弈后达到的一种均衡状态，变革仍然面临着压力和困难。B学院的内部治理结构变革的困难依然存在，机制的变化阻力始终是巨大的。在内部治理过程中，尽管做

---

① 孟德斯鸠.论法的精神 [M].北京：商务印书馆，1961：154.

到了所有权和管理权分设，但在实际治理中代表所有权的董事会和校长的管理权如何配合以及各自的权限边界、如何加强学校的监督机构等仍然是如 B 学院的民办高校内部治理改革中不得不面临的关键问题。

校长的管理权如何与董事会的权限做到各负其责，以增强内部治理的效能与科学化水平，仍然是 B 学院在不断努力探索的方向。内部治理改革的阵痛引起参与治理各方的积极支持，治理相关方似乎对这种困难有充分应对的准备。

在 B 学院内治部治理改革中，参与治理的不同利益相关者不断艰难地取得一致的"共识"，改革的"理"由此越辩越明，改革之路也由此越走越好。在荆棘丛生的发展道路上，这些探索正是民办高等教育改革的宝贵财富。

六、共治改革的成效

共治求善治的理论倡导多元主体参与和主体地位平等，反对一元主体的集权式管理，共治遵循治理理论"从集权到分权、从管理到服务、从强制到合作的变化"①，主张根据多元主体各自的职能和优势进行合理分工，充分行使各自的决策权力并承担相应的责任，最终实现决策的科学化、民主化以及公共利益的最大化。

B 学院自 D 院长到任以后，以董事长的所有权与院长的管理权分化为路径，进行了一系列有意义和卓有成效的内部治理结构改革。从治理主体上看，多元主体参与治理的进程加快；从治理权力上看，内部各方权力逐渐趋于均衡。这样的变革更强调治理主体之间的沟通、交流和协作，与 B 学院传统的"企业"式管理相比，更符合共治求善治的框架。共治改革的成效具体体现在以下几点。

其一，治理主体的多元性。不仅仅以投资者为主体，院长、党委书记、

---

① 孙岩.当代中国国家治理现代化的历史演变轨迹及趋势探析[J].理论月刊，2016（8）：106.

中层管理干部、教职员工、学生和社会力量均是利益相关主体并具有"参与"属性，治理主体有了多元化的变革趋势，各相关利益群体均共同参与到学院治理事务中来。因此，共治模式打破了"资本管控"模式以投资者为中心高度集权的单一化权力结构，是一种开放协作式的"契约治理"。

其二，治理过程的参与性。在治理运行过程中，各治理主体都具有相对的自主性，以平等的身份和话语权进行合作，通过沟通、交流、对话、商讨等方式有效化解分歧并达成统一共识，促进决策的科学化与民主化，并在此过程中彼此实现对权力的监督和制约。治理过程带有明显的参与性，协商的特色更为突出，各治理主体实现了治理的"平等地位"，也体现了"民主参与"的原则。因此，共治模式比资本管控模式更具合作性和互动性的特质，是一种体现大学学术自由和民主理性的"民主治理"。

其三，治理效果的协同性。从治理的效果角度分析，共治充分发挥了集体的优势，校长以专业化的教育管理为特长，教授以其学术思维和能力处理学术事务，做到了优势和能力互补，充分发挥治理之合力。共治既发挥多元主体的"首要能力"[①]，又注重多元主体间的"优势互补和能力整合"。"首要能力"，即众多多元主体中谁在某一领域拥有专长和优势，谁就应该在这一领域被赋予主要的话语权和决策权，同时相应地承担主要责任。"优势互补和能力整合"，即共治正视多元主体之间彼此利益上的互需，并有效利用各主体之间能力达到有效互补。

B学院后期进行的有益的内部治理结构改革证明了民办高校构建共治求善治的治理结构改革的必要性和可能性。强调主体多元、平等协商、社会参与等观念，教师、学生、行政人员等利益相关者共同参与学校治理，能够改革学校的运行机制，各种治理文化的影响力也会发生改变。

一些经历过改革"迷茫"和"阵痛"的人都觉得B学院改革的压力依然存在，民主的呼声也日益强烈。对于内部治理结构完善过程中取得的成绩，

---

① 唐汉琦.论大学战略规划与共同治理[J].现代教育管理，2016（7）：13.

有人担心再次回到"原点"，也有人为新变化而鼓掌欢呼。回想这一切，B学院发展到今天不正是在这样的"摔摔打打、跌跌撞撞"中一步一步走过来的吗？民办高校也不正是在这样的价值冲突和理念博弈中不断往前发展的吗？这里需要投资者为长远利益而妥协，需要彻底改变观念和行动，这些实际的转变和努力都是十分有价值的，都是有益于民办教育事业健康发展的。

第三章 民办高校内部治理的经验回顾与模式分析

因为民办高校建设历程较短，"自力更生、艰苦创业"的精神成为我国高等教育发展的重要力量，其内部治理结构也经历了快速的建构、磨合及内部利益相关者的博弈过程。B 学院在创建与发展的近 16 年历史中，内部治理结构经历了"分权—集权—分权"的变化过程，其中集权式的内部治理结构占据了大部分发展历史。从整个发展过程来看，B 学院内部治理经历了企业化效益与大学教育质量之间的此消彼长的博弈过程，内部治理结构呈现曲折螺旋式发展的特点。

第一节 民办高校内部治理结构建构与发展的经验回顾

一、B 学院内部治理结构分析

依照第一章所建构的共治求善治的理论分析框架，B 学院的内部治理结构分别在价值信念、系统结构、运行机制方面存在哪些问题和不足？本部分以 B 学院建校 16 年大部分时间采用的集权式内部治理结构为主来逐步分析以 B 学院为代表的民办高校的内部治理结构特点和不足。

（一）价值观念

在高等教育现代化的进程中，"绝大多数国家的高等教育均不同程度地背离了人文主义的传统，走上了一条高等教育与经济建设互动发展的道路"①。

民办高校办学的实践集中地体现了高等教育与经济建设互动发展的"利"与"弊"。一方面，社会力量的介入使高等教育办学机制不断丰富，克服了政府资金短缺的困难，带给了民办高校飞速般的发展。正如 B 学院，历经近 16 年的发展现已成为万人大学，在校生规模甚至大于省内部分公办院校。另一方面，因社会投资而致的企业式治理结构的引入和企业家办学的实际带给民办高校市场化运营的风险，市场化的观念和价值观在民办高校较为突出。遵循大学的公益性治理准则，使民办高校内部治理真正走向科学化、法治化、民主化的大学治理之道，需要正视民办高校内部治理结构的独特性。如 B 学院的民办高校在内部治理方面，体现出如下价值取向和特点。

第一，治理价值注重办学效益。如 B 学院的民办高校因其发展和生存的条件，使其内部治理更趋向于注重办学效益，利用经营、效益、效率、节省等价值观念强化具体的内部治理行为和过程，体现了民办高校艰苦创业、自力更生的办学精神。民办高等教育在市场经济商业化的过程中利用社会力量办教育，本身具有灵活的办学机制，能够充分发挥市场资源对教育的支持，成为民办高校的办学优势。在国家施行分类管理政策之后，我国部分民办高校倾向于选择营利性分类，这种现象更多是源于民办高校多年来市场化办学的历史传统和注重办学效益的内部治理结构，分类管理政策的实施依据民办高等教育的具体实践，能够确保和有效促进诸如 B 学院的部分民办高校的稳定发展。不过，诸如 B 学院的民办高校同时需要保持对教育事业的热爱和立

---

① 陈廷柱.大学的理想：价值取向及其言说立场与限度 [M].青岛：中国海洋大学出版社，2008：10.

志公益性事业的本意与初心，在内部治理中适时思考和审视其作为大学的人类社会特殊学术性组织和公益性教育组织的存在意义。

第二，治理过程注重管理效率。B 学院在内部治理行为及过程中极其重视管理的效率，以高效率的管理保障学校各项工作顺利有序开展。这种管理特征也源于民办高校的独特办学传统与历史，诸如 B 学院在早期以公办大学的独立学院为办学形式的阶段，将公办大学的管理体制以"移植"式的方式引入民办高校，又在实践中不断探索加以改进，形成了独特的内部治理结构。民办高校内部治理注重管理效率，一方面使办学资源得到有效利用，在行政人员、资源利用、制度保障等方面遵从效率、节约的原则，促进管理人员提高执行内部治理行为的水平和能力；另一方面强化了制度的约束性，通过对具体管理活动的建章立制，明确规章制度的共性边界和具体准则，强化制度对管理行为的约束。然而，在规章制度的严格实施中，人文关怀与灵活运用就显得更为重要，否则，"极易引起学生的抵触和对立情绪，引发各类学生问题"[①]。如何在"刚"性的制度管理实施中充分调动管理人员的人文关怀，将会是诸如 B 学院的民办高校内部治理改革需要思考和改进的焦点。

第三，发展导向追求办学规模。诸如 B 学院的民办高校在改革与发展过程中，生源问题被视为生存与发展的"生命线"，学校内部治理中高度重视招生与就业工作，力求通过招生途径扩大或稳定学校的办学规模。民办高校追求办学规模的发展导向从根本上源自民办高等教育的独立化办学机制，如 B 学院主要依靠学费收入办学，充分发扬自身艰苦创业、自力更生的优良作风保障教学、后勤、基础建设等各项工作的正常开展。对大部分民办高校而言，在其建设和发展的初期和早期发展阶段，这种追求办学规模的发展思路不可避免，是走向生存和发展的必然路径，也是基于学校自身发展的实际有效选择。

第四，管理行为注重执行效能。民办高校的内部治理强调参与主体对具

---

① 侯蔚，姚春雷 . 从管治走向善治 [J]. 高教发展与评估，2006（7）：23.

体管理行为的高效能执行，通过对学生管理、教学教务、基建后勤等各项工作的建章立制，高度重视以制度约束具体管理行为，以效率效能评估反馈具体管理过程。注重执行效能的管理模式侧重用统一的标准和刚性的纪律约束强化治理行为，以理性化、标准化的治理自上而下地追求执行效能。诚然，这样的治理特征，在提高管理执行效能的同时，亦使管理执行容易忽视参与治理的多元主体的实际状况与不同诉求，让管理呈现单向度的特征。

（二）系统结构

静态的系统结构需要明确参与民办高校内部治理的利益相关者有哪些。对利益相关者的厘清是赋予内部治理结构以科学的权力分配和稳定有序的行动逻辑的前提和基础。

利益相关者理论认为组织的目标达成离不开各利益相关者的共同参与。依照此观点，民办高校是一个利益相关者组织。出于各自维护各自利益的诉求，各利益相关者需要共同参与民办高校治理，各自享有治理权利并承担不同的责任。依照共治求善治的"多元主体参与、共同协作发展"的思路，B学院的内部治理结构中各利益相关者包括哪些群体？他们对治理的参与程度如何？这是首先需要分析和明晰的地方。

通过对访谈材料进行收集发现，不同的访谈者对利益相关者的认识词频分析中，"投资者""行政管理者""政府""教师""教授""学生"等字眼成为频次较多的治理主体。因此，民办高校的利益相关者主体主要为创办者、管理者和教师、政府、学生、社会捐赠者等群体，他们因承担不同的关系和角色而成为民办高校的利益相关者主体。民办高校利益相关者关系如图3-1所示。

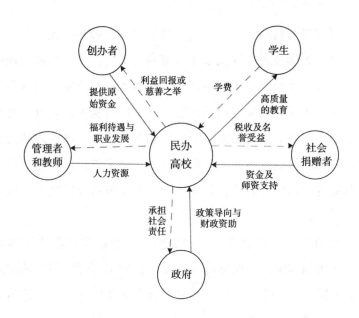

图3-1　民办高校利益相关者关系图

第一，举办者。如 B 学院创办者一样，创办者为民办高校提供了建校时期的原始资金，依靠着经济资源投资或捐资对学校的创办和发展起着重要作用，J 大学对 B 学院的创建也投入了极大的人力资源支持和品牌支持。据此，这些参与建校的创办者都应依《中华人民共和国民办教育促进法》规定，享有民办高校"合理回报"的权利。这一法律规定也意味着创办者在后期发展过程中对民办高校的资金收入和资源配置具有支配权。

第二，学生。B 学院的学生是学校中数量最为庞大的群体，每学年按照标准向 B 学院缴纳学费，并承担住宿费、书本费等费用。学生的学费是民办高校最主要的收入来源，招生生源也就成为民办高校至关重要的发展因素。学生在缴纳学费的同时，在校享受学校提供的高质量教育服务，因此，学校的重大决策必须以为学生提供高质量的教育为出发点。民办高校学生是内部治理的主体，具有应然的治理主体地位，学生发展诉求应当成为民办高校治理的重要关注方面；民办高校应视学生为学校管理的服务对象，积极为学生的专业发展和身心健康成长提供有利的条件。

第三，管理者与教师。在 B 学院，管理者和教师是仅次于学生群体的利益相关者，他们为学校的发展提供了重要的人力支撑，在内部治理中属于治理主体，也是被治理的客体。管理者与教师通过自己的专业知识和能力承担教学、管理等具体的劳动来促进学校的发展，同时从学校领取与其贡献度一致的福利薪酬，其职业发展也离不开学校的支持。民办高校内部治理应正视党建的政治权力、行政管理权力、学术权力、民主管理的多元融合，让各种权力发挥其应有的作用和效果，共同推动民办高校内部治理走向规范化、科学化。

第四，政府。政府通过招生计划分配、学校章程审定等具体管理行为和宏观教育政策的制定，对民办高校的发展具有关键的作用。从政府角度来看，B 学院和其他公办院校一样，通过开会、文件传达、评估等具体方式被政府进行行政管理，《中华人民共和国民办教育促进法》、分类管理登记制度等法律政策和制度对民办高校的发展具有重要的约束和导向作用。政府也因此有参与民办高校治理的权利和地位。

第五，社会捐赠者。社会捐赠者也是民办高校组织的一个利益相关者。国外诸多知名民办大学都是通过社会力量捐赠等形式有效运转的，我国民办高校除少部分以捐赠形式进行资金运转之外，大部分依然是以投资为主的。民办高校由于其办学机制的灵活性和开放办学的特点，极易与社会、企业、校友等群体产生经济或利益往来。B 学院近年来也从就业出发与众多企业合作，为企业输送毕业生，企业也通过毕业生就业反馈向学校提供课程内容设计、实习实训机会等帮助。

上述不同类型的利益相关者直接或间接地对民办高校的发展产生了影响。根据各利益群体在民办高校发展过程中发挥作用的重要程度，可以将利益相关者具体划分为四个层次：第一个层次是办学者，处于治理的主导地位；第二个层次是学生，即民办高校的核心利益群体；第三个层次是政府、管理者、教师等关键利益相关者；第四个层次是社会捐赠者，为边缘利益相关者。在治理的权利上，各利益相关者处于平等的地位，任何一种利益相关者的权利被侵害或利益被损害，都是倡导多元协作的内部治理结构所不允许的，多元治理结构致力保护这些利益相关者的合理治理地位和合法治理权利。

（三）运行机制

按照上述关于民办高校内部治理中基于利益相关者的系统结构分析，多元并存的治理主体在进行各自治理行为的时候并不是各自为政、互不干涉的，需要权力运行机制的保障。从沟通交流、责任分担、利益协调、监督问责等权力运行机制来看，B学院内部治理结构的变革实践在权力运行机制方面存在着相对独特之处。

第一，治理主体间沟通交流情况。权力的沟通交流机制使治理主体在治理过程中能够相互交流意见，协商达成共识，并整合治理行动。董事会是众多利益相关者沟通交流平台的主要提供者，其他群众性组织如学代会、教代会、家委会也是表达利益诉求实现沟通交流的组织。民办高校的董事会通过对各治理主体的治理意见和信息进行整合，将分散性的个体组织利益整合为民办高校的整体利益，并以具体决策制定的形式来实现。因此，沟通交流机制对学校科学合理制定相关决策、提升内部治理水平具有重要的意义。B学院因董事会未扩及各治理主体，使学校对重大事务的决策与内部信息在治理主体间沟通交流不畅，民主化的协商机制与共识形成机制仍然需要不断完善。

第二，治理权利与责任情况。在多权力主体共同参与治理的结构中，各主体权力和责任是相对应的，治理体系内各治理主体权力运行要遵循责任分担的机制。由于民办高校的投资者、董事会、校长、党委书记、师生等治理主体在具体治理过程中发挥的作用和所处地位不同，因而他们被赋予的治理权力和所承担的治理责任也有所不同。B学院一些主体在治理过程中权利的弱化甚至隐退，会造成治理责任界限的不明，成为从共治走向善治的科学化治理体系中的不足之处。

第三，参与治理的利益协调情况。民办高校作为治理主体多元化的复杂组织，各利益相关者的利益不可避免地存在冲突，这种冲突如果不及时协调便会激化矛盾，严重影响实际治理效果。利益协调机制则对各利益相关者之间的利益冲突进行合理制约，协调一致达成治理共识，在民办高校内部治理中表现为激励与约束、经费投入与分配、福利与津贴等形式的协调制度和规则体系。董事会作为重大决策和利益协调的核心机构，在利益协调机制的运转中扮演着重要角色，主动协调不同利益相关者的利益诉求，使之成为学校发展的动力。在 B 学院，董事会成员主要由投资者组成，在学校重大事务的决策中，容易忽视教师、学生等相关利益方，存在利益协调机制的运行相对不足的问题。

第四，内部权力的监督问责与功能实现情况。多元主体治理要求多种权力主体共存，实现有效制约、互相制衡。民办高校内部治理中的多元化权力在运行过程中要通过监督机构的职能履行来实现科学治理。作为民办高校，内部治理走向多元共治是求善治的根本途径，如何实现权力的民主监督、促进决策的民主审议以及对权力执行进行合理的监督问责，是实现内部治理科学化的重要体现。

二、内部治理结构建构的模式及特征

（一）民办高校内部治理的实际状况

作为一种政治思想学说，人治是指"国家权力的执掌者凭借其所有或行使的不受法律制约的权力，完全依据其个人主观意志治理国家、管理社会公共事务的一种特定方式"[①]。人治这种政治现象在人类社会发展的一定历史时期具有普遍性，人治思想经过千年的积淀成为一种集体无意识，渗透于社会生活的各个领域，作为社会重要组成部分的大学自然也未能幸免。人治管理模式和手段倾向于上下压制式的管控，在权力行使过程中形成"命令—服

---

① 丁士松. 论人治 [J]. 武汉大学学报（哲学社会科学版），2008（4）：567.

从"的强制关系，造成了权力主体的单一化和管理过程的集权化，严重抑制了管理主体——人的主动性和能动性。

如 B 学院的民办高校在内部治理结构建构和改革发展的过程中，存在着典型的人治现象及特征。在建校初期及发展早期，B 学院的生存与发展主要依赖社会投资方的大力支持，通过财力、物力及人力保障学校各项工作的有序开展。但同时，其治理结构本身具有的人治现象存在不足，尤其是在学校发展到规模稳定、内涵提升的阶段，会在一定程度上影响和制约内部治理结构科学化、制度化、民主化的变革。这种现象及特征主要体现在以下方面。

由于办学历史相对较短，以社会力量投资为主的办学机制使部分民办高校存在企业管理模式引介的现象。如 B 学院，自 2002 年建校起，以投资方为主体的董事会对学校发展起了重要支撑作用，学校的内部治理也沿袭了企业管理模式的特点。企业式管理模式让 B 学院在生存和发展的过程中，更进一步提高了治理的效率，注重办学资源的有效利用，在稳定学校招生规模、促进学生就业、提升教学效果等方面抓实效。以效益为目标的企业管理模式将内部治理过程线性化为单纯的决策执行过程，通过强化执行效果、增进决策效益、塑造权威规训、惩罚违规行为等措施固化管理过程，致力提高学校办学效益。

（二）内部治理的特征

人治治理模式给民办高校内部治理带来了一些后遗症。以人治治理为特征的 B 学院内部治理在一定历史阶段为学校生存与发展奠定了重要基础，在稳定投资者利益、调动积极性方面起到了保障作用。但是，相较于前述的共治求善治理论框架，诸如 B 学院的民办高校也需要正视当前治理模式的特点及局限，朝向科学化、民主化的方向进行改革。如 B 学院的民办高校内部治理呈现如下特征。

第一，治理主体从单一化向多元化转变。民办高校实施"董事会领导下的校长负责制"，这种体制让董事会成为领导学校发展的中坚力量，如 B 学院董事会主要由早期办学者组成，学校的发展离不开董事会的支持与投入。然而，从利益相关者的角度而言，民办高校发展到组织化、规模化之后，已经成为各种利益相关者组成的社会组织，董事会成为搭建民主决策、集体议事的重要平台，依据多元协同参与的原则，内部治理需要扩大治理主体的多元参与范围，提高集体治理效能。

第二，治理价值导向从发展规模向内涵质量转变。大学组织的发展依据模式划分，可分为注重规模的"外延"式发展和注重质量的"内涵"式发展，二者犹如"钟摆"式交替出现在民办高等教育的不同发展阶段。作为民办高校，如何均衡两种发展模式和治理价值导向是需要学校思考的实际问题，从早期生存阶段侧重办学规模向规模稳定之后侧重质量提升的内涵发展阶段转变，既是历史发展之必然选择，也是学校发展改革的实际选择。

第三，治理机制从移植模仿向适应特色转变。如 B 学院的部分民办高校在经历初期建校、艰难发展到后期规范化治理的过程中，内部治理的体制与机制也实现了早期从公办母体学校移植模仿向后期逐步适应并体现自身特色的稳定过渡，针对具体有效解决的治理机制起始于外来移植和模仿，但经过多年的治理实践探索与改进，形成了具有民办特色的治理机制，为民办高校治理提供了实践经验总结。

民办高校的内部治理过程的改革与完善历程，正如其艰辛的创业办学历史，在探索创新与适应务实中不断砥砺前行。走向新时代，加快构建符合现代大学制度的内部治理结构，成为促进我国民办高校持续健康发展的必然选择。

第二节　内部治理模式的成因分析

近年来，我国高等教育不断深化治理体制改革，民办高校需要不断完善和优化内部治理结构，以保障民办高等教育步入高质量发展的轨道。困扰和制约 B 学院实现高质量教育的深层次人治危机的形成与民办高校产生发展的社会历史环境是息息相关的，高等教育大众化和改革开放以来市场经济发展带来的社会转型是民办高校内部治理身陷人治困境的时代背景。如 B 学院的民办高校这种独特的内部治理结构模式，究其成因，主要有以下几个方面。

一、生存寻利性与教育公益性之间的博弈

我国高等教育自引入社会力量办教育以来，一直面临着民办高校生存寻利性与教育公益性博弈的现实状况。如 B 学院的创建与早期发展，社会力量为投资主导办学，如何遵循教育的公益性始终是 B 学院思考和审视的根本问题。一方面学校的投入及发展需要尽可能开源节流，另一方面要坚持教学为主，加大教育成本。如何权衡二者以促进学校高质量发展，民办高校始终在坚持探索。

生存寻利性和教育公益性使民办高校面临着两难选择。若倚重投入回报和经营利润，过度注重发展规模和经济效益，则会缩减教育的内生性投入和文化建设，也会轻视如学术氛围营造、科学研究的内涵建设；若只追求教育的公益性，民办高校的发展就会受资源的限制，甚至生存都将会成为难题。如何在治理实践中均衡二者，促成有效的治理是民办高校立足现实、实现发展的难题。共治求善治的治理体系基于民办高校多方利益相关者的介入和学科分化加剧的现实，使如 B 学院的民办高校在追求规模和效益的同时，实现组织内部民主化和科学化，这样的治理趋向会有效均衡生存的寻利性与发

展公益性之间的矛盾，不易使民办高校这一大学组织"失去对自身命运的控制"①。

（一）内部管理行政化

改革开放以来，我国高等教育面临大众化的转型，引进社会力量办教育，致力解决公办学校资源不足与人民群众日益增长的高等教育需求之间的矛盾。社会化的大学转型改革使大学的办学机制不断丰富，呈现出多元取向灵活性，民办高校内部权力主体更显多元化。大学组织的管理有其源自高等教育功能的独特属性，民办高等教育不仅承担着育人的功能，还承担着科研、社会服务等功能，行政化管理是实现学校教育质量提升和治理水平提高的前提和基础，一定程度上保障了内部治理的规范有序展开。然而，行政化管理如何有效保障科研学术活动、学科专业建设、民主组织活动，仍然需要遵循高等教育治理的规律，"一切切"式的标准化行政管理会束缚和制约学术、学科等活动已经成为公办高校和民办高校内部治理的统一共识。多元协同治理体系和平台的建设，能够促进不同治理主体在本身擅长的领域发挥长处，如让"术业有专攻"的专家型校长负责行政事务、由学术委员会负责学术活动的组织与评审等。

国内学者袁祖望认为："当控制大学的种种力量强大时，它以各种有害于教学和研究自由的方式实行控制，从而给大学造成损害。"②长期以来，传统大学治理改革基于大学的本质与功能积淀了宝贵的治理经验，形成了中国特色社会主义大学治理理论和模式。民办高校的内部治理结构建构及改革仍然需要充分遵循大学组织的活动规律，在继承和发扬传统大学治理经验的基础上，努力实现具有中国特色的民办高等教育治理模式，保障我国的民办高等教育实现高质量发展。

---

① 布鲁贝克.高等教育哲学 [M].王承绪，郑继伟，张维平，等译.杭州：浙江教育出版社，1987：141.

② 袁祖望.论大学自治 [J].现代大学教育，2006（6）：17.

（二）生存发展产业化

随着高等教育体系内市场机制的引入，一些民办高校的办学理念逐渐被市场化的企业式管理理念所影响，在高等教育注重外延发展向内涵提升的历史转型阶段，民办高校因本身社会力量办学的事实，容易使内部治理趋近于企业式管理，也让学校生存和发展呈现产业化的特征。产业式发展本身是经济社会领域企业发展的特点，民办高校对产业化发展观念的引入无疑对其自身的生存及后期发展起到了至关重要的作用。依据产业化发展，如 B 学院的部分民办高校能够很快克服不利条件生存下去，也能够实现学校发展的"弯道超车"式效应。

将民办高校视为纯粹产业化发展的治理理念在注重发展效益的同时，也容易忽视不同利益相关者参与治理的诉求，这与大学组织本身的社会属性和功能紧密相关。正如，雅斯贝尔斯曾说："大学的理想要靠每位学生和教师来实践，至于大学组织的各种形式是次要的，如果这种为实现大学理想的活动被消解，那么单凭组织的各种形式是不能挽救大学生命的，而大学的生命全在于教师传授给学生新颖的、合乎自身境遇的思想来唤醒他们的自我意识。因此，大学精神的塑造是广大师生努力的结果，大学精神的发扬更需要广大师生的维护。"① 民办高校实现治理科学化的根本途径在于遵循大学教育的本真之道，无论构建何种治理结构，始终要坚持对教育本质与规律的恪守。B 学院在多年的办学实践中，一直重视和关注学校精神的总结和建设，面临发展困难时能够发扬精诚团结、艰苦创业的历史传统和作风，从办学理念、管理制度、校风培育、环境建设等多方面做出持续不懈的变革努力。

二、治理的工具理性与价值理性之间的博弈

民办高校独特的内部治理结构是其治理的工具理性与价值理性之间的

---

① 雅斯贝尔斯 . 大学之理念 [M]. 邱立波，译，北京：商务印书馆，2022：56.

博弈的过程及结果。治理究竟是一种追求目标的工具，还是实现人发展的途径？对此类问题的回答，无疑是对民办高校治理的工具理性和价值理性的审视和追问。民办高校对治理结构的改革仍然需要从工具理性和价值理性的层面进行分析。

当理性成为人类社会问题改进的重要价值准则和方向时，理性不仅是一种知识传统，更是一种深刻影响人类社会活动的价值观念和思维模式。治理作为一种实现和维系大学发展的方式，如何治理以及治理为何的追问深深触及民办高校内部治理的方方面面。当今社会，当注重技术的工具理性渐渐超越了价值理性并渗透到社会各个领域时，"人们为现代化的实现付出了高昂的代价，这代价就是能源枯竭、环境污染、自然生态乃至社会心态失衡"①。政府、国家等治理实践经历着从以计划经济实施为社会背景的总体支配到技术化治理的转变，以工具理性价值观的治理观念和模式体现在民办高校治理方面就是无所不至的技术化的治理倾向。技术化治理的核心就是"强调制度建设，以理性化的科层制替代原有的动员型治理体制"②，其主要表征是科层制的管理模式、全面的规章制度和精细化的"数字"治理。

（一）科层制的管理模式

科层制即官僚制（bureaucracy），从词源上看，官僚制是由法文 bureau 与希腊文 kratos 复合而成的。科层制是德国社会学家马克斯·韦伯提出的，它的基本特征包括劳动分工、等级化、非人格化、规则化、专业化等，韦伯认为这些特征具有联系性、一致性和交互性，从而可以最大限度地提升组织效率。

采用科层制管理模式的组织明显带有以工具合理性为价值取向的特点，也就是说，科层制社会组织是最符合工具合理性的行政化管理机构。科层制

---

① 杨小微.教育现代化评价之核心指标三问[J].教育科学研究，2015（7）：5.

② 田先红.治理基层中国：桥镇信访博弈的叙事：1995~2009[M].北京：社会科学文献出版社，2012：247.

的实施使得组织将效率、技术置于重要位置，其管理的合理性是建立在技术化的知识基础之上的。在韦伯看来，官僚制与工业资本主义和形式主义法律一样，只有在纯粹形式的、与价值判断无关的意义上才是合理性的。因此他将这个现象称为"实质的非理性"，他认为，"官僚制的形式合理性越增大，它的实质非理性成分就越增多，就越容易招致来自价值判断的更多批判"①。

科层制管理模式在民办高校的引入和实施，让民办高等教育如同公办高校等其他大学组织一样，步入制度化、规范化治理的发展阶段。然而，这种科层制对具体学术活动、专业学科建设、学生活动管理等管理尽管有强化管理职能，但不可避免地存在如何与学术权力、民主权力、学科权力共存的难题，正如韦伯所阐述的官僚制理论中专业主义和科层主义的冲突一样。民办高校多元化的治理改革中可以从根本上避免治理体系中一种力量压倒另一种力量的困局产生，通过双向乃至多向的权力共存方式让治理更具活力。

（二）全面的规章制度

制度对教育组织来说，是为实现集体利益和整体治理效果，内部各个成员和机构必须要遵守的行为准则和管理规则。规章制度通过对治理过程中规则的制定来维护稳定有序的内部秩序，是内部成员包括顶层制度设计者和中层、基层治理行动者所共同认可和有效执行的行动模式。治理的制度可以有正式制度和非正式制度，它们"由正规的成文规则和那些作为正规规则的基础与补充的典型非成文行为准则所组成"②。民办高校内部治理也是在一系列规章制度的建立基础上成功运行的，规章制度的建立和完善成了内部治理结构完善的重要方面。

全面的规章制度是民办高校内部治理走向制度化、科学化的重要基础。如 B 学院在学校层面建立了董事会议事制度、党政联席会议制度、校长办公会议制度等，在具体业务管理与执行部门建立了学生管理制度、科研项目支

---

① 苏国勋.理性化及其限制：韦伯思想引论[M].上海：上海人民出版社，1988：216.
② 诺思，制度、制度变迁与经济绩效[M].刘守英，译.上海：上海三联书店，1994：5.

持与管理制度、教学评价与考核制度等具体制度。在具体管理活动中对制度的遵从犹如具有治理"惯性"一般，对业务进行规范化治理，避免出现随意化、人情化等不良现象。如 B 学院的民办高校的管理者借鉴公办院校、社会企业等不同组织的内部管理制度，为民办高校的内部治理制定了成体系的规章制度和政策措施，一般来说，管理者将这种规章制度以文件、手册、墙体招贴等多种形式呈现。

（三）精细化的"数字"治理

在工具理性影响下，技术化的治理十分注重精细化的"数字"治理。"数字"治理让民办高校内部治理变得可靠与有效，B 学院无论是管理方案和制度的制定，还是管理绩效的考核与测评，都极其重视数字式的治理模式，如学校各专业的就业率，大学英语四、六级过关率，体质检测合格率，学位授予率等成为考核和评估基层组织的重要标准和依据，这同时引导着各部门工作总结或述职报告也是以精确的量化数据来呈现。

精细化的"数字"治理让民办高校内部治理通过量化的数据提高治理的针对性和有效性，对治理行为的评价趋向于数字化。数字化的治理已经成为当前如 B 学院的民办高校内部治理走向规范化、科学化的重要途径，也是强化内部治理效果、提升治理效益的"快车道"。

三、管理者决策地位与实际能力之间的矛盾

改革开放以来，以市场力量为主的经济资本在民办高校的建立和发展中扮演了重要的角色，整个高等教育体系也越来越关注市场化带来的快速促进作用。民办高校在市场化的道路上走得越远，越容易遭遇被市场化机制完全控制的危险。社会力量对民办高校的控制是基于其对经济资本的投入，市场天然的产权保护机制将社会力量塑造成民办高校的实际控制者。民办高校发展起来后，需要承担培养人才及社会服务的责任。大学的使命让民办高校建

设源于企业，但民办高校要超脱于企业，真正成为能承担起国家育人和社会责任的教育组织。

（一）管理者治理能力有待提升

现代学校的特征在理论上分别用两种方式来描述：一是韦伯所深入阐述的作为现代社会体制本质特征的"科层制"；二是由福柯所深刻揭示的现代社会中无处不在的微观规训体制。这两种体制彼此交错决定了现代学校的基本形态。[①] 韦伯的科层制和福柯的规训体制说明了学校中核心管理者的重要性，核心管理者对学校的内部治理起着牵一发而动全身的作用。如 B 学院的部分民办高校中核心管理者体现为以社会力量介入高校的投资者和办学者，他们由于缺乏教育管理经验和科学管理知识，尽管这些投资者和办学者身上有着对民办高校创业的热爱和激情，但其自身从事专业教育管理的水平和能力显得相对低下。

（二）正视市场化的办学模式

民办高校在经费来源上虽有别于公办高校，但必须承担普通高校的社会责任，衡量民办高等教育价值的标准除是否提供高质量的教育服务以外，还有人才是否适应和达到社会化的要求。民办高校的资金收入以学生缴纳的学费为主要来源，资金收入要完全以学校的教育活动配置为主，投资者的合理回报源自教育投入之后结余的分成。

如何正确看待高等教育的市场化呢？"大学对市场化的选择不是非此即彼的选择，而是通过协调政府、市场和大学自身要求三种力量，表现出对纯粹市场化的超越。"[②] 就教育本身的属性而言，教育活动容易受制于经济条件的限制而失去主体价值地位，成为实现经济利益的手段和工具。因而从本质

---

① 王有升 . 理念的力量：基于教育社会学的思考 [M]. 北京：教育科学出版社，2007：60.
② 戴晓霞，莫家豪，谢安邦 . 高等教育市场化 [M]. 北京：北京大学出版社，2004：55.

上来说，高等教育体系内纯粹的"市场"并不存在，诸多学者用"准市场"或"市场逻辑"等表述方法来证明市场力量对高等教育的影响，强调竞争的市场规则，极易用弱肉强食般的企业兼并方式达到自身规模的急剧扩张，这样的做法很明显不能被高等教育借鉴。综合性大学不断地大量出现，民办高校与公办院校相比，有较灵活的办学体制。充分发挥其"短、平、快"的特点，实现有特色、有质量的民办高等教育才是民办高校立足社会的根本所在。

民办高校要充分利用市场的力量而不能使自己被市场化。《中华人民共和国教育法》明确规定："任何组织和个人不得以营利为目的举办学校及其他教育机构。"这是对教育公益性最好的法律保护。民办高校要按照教育规律办学，坚决不能将教育活动变成市场规律的阵地。长期以来，不只是民办高校，有的公办高校也经历了教育的公益性本质属性与经济利益的市场化属性相博弈的艰难过程，在坚持教育公益性的过程中，学校要牢牢守住改革的底线。一旦触犯底线，过度追求经济利益或依靠市场机制则会直接伤害教育的公益属性，也会使学校走向私有化。

在大学承担越来越多社会化功能的时候，社会需求和市场供给迫使大学要符合市场消费者的要求，大学自身也通过引入社会资源和市场机制来提高高等教育资源和利用率，追求更快、更优化的发展状态。大学在社会化的进程中不断改变其封闭的状态，教学、学术活动也更加以市场的变化和社会的需求为导向，大学知识创新和科研活动开始追求实际的社会经济效益。从总体发展趋势来看，民办高校内部治理结构的改革必将遵循本真的大学治理之道，坚持为党育人、为国育才的使命，正视时代要求与人民期许，从大学的本质出发，依据民主化的共同治理和分权路径，实现民办高校组织的科学化治理。

第四章 完善民办高校内部治理结构的基础和路径选择

2016 年，我国共有民办高校 742 所，其中独立学院有 266 所。如此数量众多的民办高校在具体办学状况、内部治理结构方面存在着诸多区别，尤其是处于不同地域、不同地区的民办高校发展社会环境有所不同，出资办学的社会力量存在背景和目的的差异。纷繁复杂的办学情况给民办高校带来了差异和区别明显的内部治理结构策略和路径。

依照相关学者对民办高校发展模式的归纳和区分，我国民办高校发展主要有四种模式：一是以学养学——滚动发展的模式。这部分学校没有初始投入或是只有少量投入，主要依靠学费，走低成本扩张的发展道路，其办学主体一般是不具备雄厚经济实力的民间组织。二是以产养学——注入式发展模式。由国内外资金雄厚的公司、企业集团或海内外华人凭借其产业群的丰厚收益和充足的资金流量进行规模化投资办学，形成高投入、高起点、高标准、高速度、高效益的办学特点。三是国有民办——改制运作模式。此种模式产生于 20 世纪 90 年代中期，是由国家、地方政府或行业部门主办并承担教育经费的学校，在学校原所属关系不变的基础上，以一定的方式转给独立法人承办，从而按民办管理机制，自筹资金、自我管理、自主办学的运作模式。四是一校两制——附属再生的模式。以公办院校为母体，按民办机制运行的二级学院是一种新的民办高等教育发展模式，又被称为"一校两制附属运行模式"。[①]

---

① 刘莉莉.中国民办高等教育发展的研究 [M].长春：吉林人民出版社，2002：72-82.

西北地区 B 学院是典型的上述第一种类型：以学养学——滚动发展模式的民办高校，在近 16 年的发展历史中 B 学院借助社会力量 K 房地产有限责任公司的建设起始资金注入，在后续发展中逐渐依靠招生生源扩大和学费收入不断发展壮大，在办学实践中，出资者营利性的办学目的和价值取向比较明显。B 学院的实际发展和改革情况代表了我国大部分单纯以社会力量投资并且受社会力量控制的民办高校的普遍状况，其内部治理改革实践中面临的问题和困境也代表了大部分民办高校的共同窘境。

因此，本章以前述章节对 B 学院内部治理结构的现实状况描述和存在问题及原因分析为基础，提出以 B 学院为代表的我国部分民办高校完善内部治理结构的具体路径选择。本章对策建议是基于 B 学院为个案提出的民办高校内部治理结构改革建议，适用于上述分类中第一、二种模式的民办高校，尤其是对地处西部经济欠发达地区的民办高校提供相关内部治理结构完善建议。

第一节　构建有效内部治理结构策略的基础

通过在第一章提出共治求善治的研究假设，基于 B 学院为个案的调研资料和实证分析，以共治求善治的治理结构完善策略是符合民办高校改革实际情况的有效内部治理结构策略。无论是哪种内部治理结构能够推进民办高校内部治理实现现代化的治理结构就是有效的治理结构，即所谓有效的内部治理结构关键是要解决"谁来治理""怎样治理"和"治理要因"三个问题。基于理论分析和实践验证的共治求善治的内部治理结构完善策略很好地回答了上述问题。

一、民办高校内部权力结构分析

基于《中华人民共和国民办教育促进法》《中华人民共和国民办教育促进法实施条例》等规定，在现代大学制度框架下，符合实际且具有中国特色的合理而健全的民办高校内部治理结构应包括以董事会为核心的学校事业发展的领导权、以校长和校务委员会为核心的行政权力、党委为核心的政治权力或称党委权力、以专家教授为核心的学术权力、以教师和学生为核心的民主权力，这五种权力构成了民办高校内部权力种类和实施的范围。下面分别从五种权力参与治理的权力表现和具体实施的过程中存在的问题来看内部治理结构的权力构成特点。

第一，董事会对学校事业发展的领导权力。董事会在我国民办高校内部治理中处于核心决策者的地位，对学校事业整体发展具有绝对的领导作用。董事会权力集中表现为：在民办高校发展过程中对重大事项的决策，包括对学校章程的制定和修改、学校发展目标的确立、发展规划的制定、校长等重要人事的任免等具体内容。董事会为保证决策的科学化、民主化和规范化，需要依法对董事会提出多元化人员组成、权力运行规范以及被监督审议等要求。为完善民办高校的法人治理结构，就要求董事会中有举办者（出资人）、管理者、教职工、学生等利益相关者代表，使之形成利益共享、责任分担的合作伙伴关系。董事会对学校事业发展的领导权力要以董事会的民主化的多元构成为前提，促进所有的利益相关者有效参与治理，并监督董事会的决策行为。B学院董事会从办学之初由投资者、管理者、母体学校组成的多元机构，在投资者权力泛化的过程中将董事会演变成为完全家庭式的机构，为维护其经济利益排斥校长、党委书记、师生代表等治理主体，造成了学校资源的私有化，使很多决策有明显的维护投资者利益的倾向，董事会整体功能实现不断被工具化，这是不争的事实。

第二，以校长为首的行政管理权力。"以校长为首的行政管理权是民办高校内部的执行董事会决策的主要表现形式，是指行政人员所掌握的管理学校行政事务的权力，具有一定的强制性，它自上而下形成一个权力体系，维持着学校的日常管理工作。"① 民办高校校长通过学校行政组织的建立和秩序维护来实施自己对行政的管理权，是行政系统的主要负责人。学校治理现代化要求校长的行政管理权力是独立于董事长的专业权力，民办教育法律政策也对校长的任职条件和职权范围有明确规定，校长要有丰富的教育管理知识和经验，是学校治理的专家，以其教育家的背景组织民办高校的日常行政工作，推动董事会决策的高效执行。B 学院的内部治理结构几经波折，由分化到集权，再由集权到分化，核心权力的变革再次证明了民办高校需要教育家式的专家行使行政管理权，公司管理理论的"委托—代理"理论也证明了这一点。校长的行政管理权力需要独立行使，对董事会负责，对学校整体利益负责。校长独立行使行政管理权具体包括财务权、人事权、教学管理权、后勤管理权等实际权力。

第三，以党委为代表的政治权力。民办高校党组织承担着保证学校社会主义办学方向的重责，其政治权力来自党对教育事业的绝对领导。民办高校在社会化的过程中绝对不允许成为完全私有化的组织，国家意志在民办高校的体现源自任何社会组织都必然受到国家政治、经济以及社会的影响。"政治化意味着高等教育'成为'经济和社会政策的关键因素，因而意味着结构多样化的需要和整个中学后教育中新颖的或迄今未被重视的院校升级。高等教育作为国家头等重要的事业，其活动原则必须符合国家需要和广泛接受的社会标准。"② 民办高校政治权力的合法地位也是源于民办教育与国家和社会的相互作用。从董事会人员构成来看，代表政治权力的党委书记和党组织代表应该是重要组成部分，党组织通过参与董事会的形式执行党的教育方针和政策，同时对董事会的具体决策履行监督的工作职能。B 学院的党委书记由母体学校派驻，党委是母体学校党委领导下的基层党委，然而投资者的强权

---

① 吴坚.高校管理中学术权力与行政权力的协调 [J].高等教育研究，2005（8）：33.

② 范德格拉夫等.学术权力：七国高等教育管理体制比较 [M].王承绪，张维平，徐辉，等译.杭州：浙江教育出版社，2001：12.

出于维护自己利益的本能极端排斥党委书记，限制党组织权力也更多的是出自对监督的排斥。这样的做法不符合共治求善治治理思路的民主化本意和法治化要求。

第四，以专家教授为代表的学术权力。民办高校的学术权力也是源自教育活动的专业性，专家教授为代表的学术委员会、教授委员会、学位委员会等组织机构对学校的学术事务具有决策权，享有绝对的话语权。具体包括从事教学管理、学科建设、师资培养、学位授予、学术研究等活动的管理权力。其目的在于实现民办高校所应有的学术自由的大学本质，通过自身在专业方面的权威使学术活动正常进行，学科得到科学发展。学术权力的实施要避免行政权力、政治权力等力量的过多干预，不能让强权支配单纯的学术活动，而陷入工具化或功利化，正如赫钦斯所说："如果我们将教育和研究的管理交给那些懂行的人，我们就会获得最好的结果"。[①]B学院的专家教授力量相对公办院校薄弱，学术委员会的建立和运作也依赖于以投资者为主体的董事会的支配，学术活动具有与功利、效益相去甚远的本性，使得投资者认为科研等学术活动只是"可有可无"的工作。

第五，教职工代表大会、学生代表大会的民主管理权力。教师和学生是民办高校数量最为众多的利益相关者，其拥有的民主管理权力要通过教代会、学代会等民主组织机构来实现。这些民主组织机构未被充分重视是民办高校存在的普遍现象，教师、学生的合法权益保护方面的困扰是民办高校内部管理者与民主权力矛盾冲突的集中体现，日益激化的矛盾冲突使得民主力量参与治理的程度越来越低，同时也造成了部分董事会决策执行不力。B学院民主治理的声音常在，但缺乏表达的机会和实现的机制，在内部治理结构运行过程中极易被忽视。民办高校作为底部厚重的大学组织，充分保障教师、学生等基层民主力量的民主管理权力，强化民主权力参与内部治理的机制是治理实现现代化的必然要求。

---

① 赫钦斯著.美国高等教育[M].汪利兵，译.杭州：浙江教育出版社，2001：12.

民办高校本质上是一个以董事会权力的核心，以学术权力为引领，以政治权力为导向，以行政权力为保障，以民主权力为基础的组织。多元化的权力构成决定了这些权力在内部治理结构中具有相对合理的职权范围，相互区别，又相互协作，相对固定，但又具有一定的开放性和灵活性，完善内部治理结构就要从充分尊重这些内部权力并实现权力有效监督制约做起。为维护民办高校的集体利益最大化需要，当务之急是要厘清这些权力类型，让五种权力在民办高校内部治理过程中相互配合，互为制约，共同推动民办高校内部治理结构的不断完善。五种权力中任何一种权力的缺失都是不完整的内部治理结构，任何一种权力的一元化专断都是不合理的内部治理结构。不同权力之间相互依赖、互相制约，形成科学合理的平衡状态，民办高校各种资源也在不同的权力主体间不断流动，方可共同施力促进民办高校组织的内部治理变革与发展。

如上面所述，由于民办高校内部存在着多元化的权力主体，且利益关系复杂，导致在民办高校内部治理结构博弈和变革的过程中始终存在着一些矛盾，这些矛盾的处理决定着治理的规范化过程。

第一，投资办学机制的寻利性与高等教育本身的公益性之间的矛盾。民办高校的资金来源和投资者办学的理性市场投资行为决定了民办高校本能地以市场为导向进行治理，以资源的合理利用和利益的最大化的治理目标，带有市场自由的天然属性。然而，跟企业不同，民办高校从事的是公益性的高等教育活动，公益性的要求使得民办高校治理要遵从高等教育的本质目标，以提高教育质量促进人的发展。利益的最大化和人的发展价值之间的矛盾犹如此消彼长的摆钟，两者之间的矛盾协调反映到内部治理结构中，成为内部治理结构改革必须要面对的难题。

第二，市场机制培养人才的功利化与大学应有的学术追求之间的矛盾。民办高校作为大学组织的独特生命力在于其对知识和学术的追求，区分于一般的职业培训机构，民办高校知识传承和创新的功能需要自身拥有充分的学术自由氛围。面对学校市场化的机遇和挑战，民办高校是否应该完全将人才培养目标、专业课程内容、教学模式等改革方向全部交付于市场，受市场需求的牵制来调整学术活动的组织，教师可以由生产一线的技术专家来承担，这是需要深入思考的问题。在现实处境中，知识本身的权威和创新性被无情消解，这似乎与大学学术自由和知识创新的功能相距甚远。

第三，企业式管理模式内在的集权本质与大学自主权之间的矛盾。民办高校与普通公办学校一样，属于底部厚重的学术组织，其人才培养、教学活动、知识创新等功能的实现依赖于基层学术组织和教师对教学、科研等活动的支配权和控制权，因此，民办高校内部治理需要充分下放权力，调动教师、学生、学术组织等的积极性和主动性，提高其参与内部治理的效果和质量。然而，企业式的集权管理模式强调用权力的强制来保证学校组织的功利化目标，往往使得本应是自由的学术活动处处受到权力的压抑和限制，制度、规则制定死板，自下而上的权力运行受到严重抑制，影响内部治理的民主化程度。

这些矛盾的认识和正确处理是完善内部治理结构的重要前提，在民办高校内部治理结构的改革之路上，只有充分合理地掌握处理这些矛盾的度，才能使民办高校这艘大船保持正确的航向。

共治求善治实质上是内部各利益相关者的利益和治理权力的均衡配置，达到民办高校整体利益最大化的实际治理效果。以该理论假设为核心的内部治理结构完善的核心驱动是治理主体之间的合理权力配置和运行过程中的动态博弈。民办高校以共治求善治的治理策略包括有关于逻辑起点——利益、行动基础——价值认同、重要保障——运行机制三个方面不可缺少的内容，这三方面组成了以共治求善治策略的基础。民办高校的治理改革实践需要以照顾各利益主体的利益，使其得到最大化；各利益主体参与共商、解决分歧达成一致的行动基础是必不可少的价值认同；建立沟通、交流、协作、监督等机制则是治理有成效的保障机制。

二、利益是民办高校内部治理结构改革的逻辑起点

当前民办高校内部治理结构的改革已进入攻坚期，面对涉及的众多因素和复杂的利益关系，内部治理结构改革的难度不断加大。如何将此项改革工程稳步、有效推进，我们首先就需要对内部治理结构完善的起点有清晰而又明确的认识。也就是说，要认清民办高校内部治理结构的改革是因何而起？是什么在影响和制约着内部治理结构的改革？内部治理结构的改革目的是什么？要回答这些问题，就要明确利益在改革过程中的基点作用。

自人类社会分层产生以来，不同群体的利益追求就成为从事社会活动的主要目的，正因如此，马克思说："人们奋斗所争取的一切，都同他们的利益有关。"① 纵观人类历史改革进程，几乎每一次的改革都是围绕着利益而展开的，不断存在的利益矛盾和协调就成了改革的主旋律。

刘旭东认为："在教育认识和活动中，出于利益的缘由，充满了各种各样的'意见'和'规范'"。② 人类的教育活动也如其他人类社会活动一样，利益的冲突需要通过"意见"和"规范"等形式来协调，在社会民主化进程日益发达的今天，教育组织的根本使命在于尊重集体的公共教育权力，满足不同个人或群体的合理教育诉求，可以说，"教育利益已经成为我国社会利益主体普遍追求的根本性利益或共同利益"③。

我国的学者普遍将教育改革认为是"是针对现实的不合理现状而言的，去除陈旧的、错误的、有缺陷的东西，用以改革教育之现状，追求一种合理乃至完善"④。有学者明确指出："教育改革在制度上的变迁或创新，表面上似乎主要是规范教育改革活动主体的行为，实际上则是对教育方面利益分配的制度化。教育改革就是要改变人们之间在教育资源上的利益分配格局和关

---

① 马克思，恩格斯.马克思恩格斯全集：第 1 卷 [M].北京：人民出版社，1956：82.

② 刘旭东.教育的学术品格与教育理论创新 [M].北京：中国社会科学出版社，2017：213.

③ 祁型雨.利益表达与整合：教育政策的决策模式研究 [M].北京：人民出版社，2006：9.

④ 冯建军.教育转型：内涵与特点 [J].教育导刊，2011（9）：5.

系。"① 因此，从利益分配的角度来说，教育就是不同利益主体之间的博弈，任何教育的改革和革新过程都是利益集团或个人为寻求利益的均衡和合理而修正或推翻"意见"和"规范"的过程。

民办高校内部治理结构的改革也是始终渗透着一个重要的逻辑起点——不同利益相关者之间的利益冲突与协调。首先，内部治理结构的改革作为民办高校在管理方面的重要改革，实质上是不同权力之间相互博弈的结果，形式上表现为制度的改变或政策、机制的变革。那么究竟是哪些权力主体介入了内部治理结构的改革，是为谁的利益和谁直接或间接地对制度、政策、机制施加影响的？其次，民办高校内部治理结构的改革也是学校内部机构和组织的变革，涉及如知识、资金等内部资源的配置，这些资源的配置也需要参与治理的不同主体对各自的利益进行调整和变化，达到集体利益的最终保证。最后，内部治理结构的改革本身也是一种行动，这种行动不只是核心管理者所做的对学校发展起重要影响的重大决策，也包括落实到每一项工作或对每个参与治理的人产生的影响，这是治理过程中微观领域的教育行动。因此，内部治理结构改革的主要方向是要调动基层治理实践活动的积极性，让这部分利益主体主动参与治理，维护自身的治理权益。

按照利益相关理论的分析，民办高校存在多元的利益相关者，如何在完善内部治理结构的过程中兼顾多方面的利益，在治理主体、客体以及不同利益群体之间妥善解决利益冲突，使之形成一个互动的协作伙伴关系，是内部治理结构改革的基本保证。内部治理结构改革的逻辑起点——利益包括精神和物质两方面：一方面，精神的变革应该贯彻内部治理结构改革的始终，对改革的进程指明方向、提供更全面的精神动力支撑；另一方面，内部治理结构改革的本质是人与人、群体与群体之间的物质利益关系，利益多元的现实使得冲突始终存在，改革的目的也使多元化的利益和整体利益得到充分的实现。从这个层面上来说，内部治理结构的改革是融合精神力量与物质利益的理性变革过程。

---

① 马健生.论教育改革过程中的利益冲突[J].教育科学，2002（4）：2.

正如小威廉姆·E.多尔在《后现代课程观》一书的序中所言："我们正不可改变、无以逆转地步入一个新的时代，一个后现代的时代。这一时代尚且过新，无法界定自身，或者说界定的概念过于狭隘，无以表达后现代性。当我们向这一时代前行之时，我们需要将科学的理性与逻辑、故事的想象力与文化，以及精神的感觉与创造性结合起来。"[①]

这个观点在当今已经成为民办高校内部治理结构改革的重要思想引领，内部治理结构始于对利益的冲突与协调，也呼唤精神力量的指引。内部治理结构改革的践行者、发动者无论在完善内部治理结构的设计、实施过程中，还是后期的评估和反馈过程中，都应该以民主化的精神为引领，充分调动各利益相关者的参与热情和治理能力，使之形成一个具有共同目标和理想、改革方向和步调一致的共同体。

三、价值认同是民办高校内部治理结构改革的行动基础

个体或社会共同体通过相互交往而在观念上对某类价值产生认可并进行共享。治理主体之间的价值认同是其一切互动行为的开始，即民办高校组织力求实现的"自主办学、自律、自为的应然状态"。具有导向性的价值认同具有一元性与多元性博弈、过程性和动态性的特点。

民办高校内部治理结构改革的价值认同是基于大学的本质属性、教育的公益性以及多元利益相关者存在的现实来说的，具体要对以下三个问题进行阐释：首先，治理的理念和价值是在治理主体对教育本质的认识和教育规律的总结的基础之上产生的，这是民办高校区别于其他社会组织具有高等教育组织特点的根本地方，治理价值认同是以具有对教育的深刻认识和科学的教育理论为基础的。其次，民办高校也是大学组织，承担着大学的责任和使命，对民办高校是什么，要做什么，要怎么办等问题的回答是治理结构改革者必须认识清楚的，对民办高校本质属性、功能实现、目标定位的思考具有

① 多尔.后现代课程观[M].王红宇，译.北京：教育科学出版社，2000：2.

科学的哲学思想基础。最后，人们在多年来民办高校发展的历程和改革的进程中，形成了极其丰富的实践观点，这些观点都是有非常重要的现实基础的，形成统一的价值认同就是要对这些观点进行剖析、争论、总结。

这些不同价值观的认同是建立在民办高校内部治理主体之间充分交流与密切沟通基础之上的，使得各主体超越传统观念束缚，通过其在高校的独特价值和所担负的历史使命的价值落脚点，领悟到"求真"乃大学之魂的真谛，最终确立起本体论的高等教育哲学（强调大学本身追求永恒真理、研究高深学问的本原性使命），进而各主体自觉地以此为指针来参与大学治理（其目标应是确保大学既能自治自为，又须自觉自律）。这种价值认同包含了法治规范、自由治学、自我管理等内容，通过保障大学的自治地位和权利，使大学能够借助法律赋予的自治地位和办学权力摆脱不合理的政治束缚，抗拒不合法的行政干预，确立起真正的高校自主办学、自律、自为的应然状态。

具体从治理因素来说，实现这种状态需要达到以下三个标准。

（一）治理主体的民主性

治理主体的民主性在内部治理结构优化过程中体现为治理主体的多元性。在多中心治理理论指导下，使利益相关者主体具有利益表达及获取的渠道，进而实现治理权共享，以形成合作治理网络。需要指出的是，相较于利益相关者共同治理观，本书认同关键利益者治理观，认为虽然利益相关者共同治理模式在多方面凸显了合理性，但是我国当前的大学治理程度难以实现大学的全体利益相关者参与治理，需要在单边治理模式和利益相关者共同治理模式之间的区域内定位适合高等教育发展形势的关键利益相关者治理模式。

（二）治理制度的平衡性

治理制度的平衡性在内部治理结构优化过程中体现为平衡决策权、执行权和监督权三者之间的关系。治理制度致力于明晰各个机构和主体的权责关系，注重提升大学章程的执行力，以大学精神、文化、氛围促使治理制度内化为行动主体的行为，破除"路径依赖"，进一步凸显学术权力、保障学生权利和社会权力、限制党委权力和行政权力；建立并完善成果审查制度和利益相关者监督制度，落实利益相关主体的知情权、参与权与监督权，纪检监察、督导审计工作协同进行；实行大部制改革，建立专业管理委员会，将管理权下放至学院，实现"小机关大学院"的管理格局。

（三）治理环境的互动性

治理环境的互动性体现为在内部治理结构优化过程中治理主体和治理制度与治理环境和大学系统均发生多重互动，最终实现均衡。在复合互动中产生系统变迁的动力，从而促使系统得以进化和发展。从高校内部治理结构演化的整体过程来看，多重互动表现为利益相关主体之间的动态博弈。当新的经济社会条件发生变化时，不同利益相关者的价值认同以及力量的对比发生了变化，由此促使潜在的治理问题凸显，原来平衡的治理结构被打破，利益相关者不断进行"谈判"活动，从而通过重复博弈实现新的平衡，形成新的内部治理结构。

四、运行机制是民办高校内部治理结构完善的重要保障

民办高校内部治理结构的完善不能仅仅依靠美好愿望、理念建构和单纯的改革激情、行政指令来完成，需要赋予不同治理主体的权力主体地位和相应的职权行使范围，通过权力运行机制的建构来为治理结构的完善提供重要保障。完善内部治理结构是事关多元化权力和利益相关者的系统工程，正如游戏的平衡状态需要制定游戏规则一样，民办高校内部治理结构的完善需要运行机制的建立、完善和创新，以达到整个治理系统的结构化稳定和均衡。

（一）内部权力生态的均衡发展是构建利益平衡机制的前提

多元权力的有效分立与普遍制衡是实现治理现代化的基本要求，民主化、科学化、法治化的改革方向是内部权力生态构建的基本特点和要求。权力生态的均衡发展要求董事会要尊重行政权力、学术权力、民主权力，推动权力向多元化分散，在构建多元权力运行机制的同时，还要完成民主监督的有效落实，让权力得到普遍制衡。民办高校具有大学的组织特征，属于底部厚重的学术组织，权力运行要尊重基层群体，推动权力向系、教研室、学生社团等组织下移。在此模式下，需增强决策的民主性、科学性，加强行政执行的高效化和专业化，推动利益相关主体的意识和行为发生转变，教师和学生由被动式治理向主动治理转变。

（二）完善现代大学治理制度是构建利益平衡机制的保障

治理制度是治理主体间的博弈规则，是对治理主体互动方式的约束。当治理制度能够为主体互动提供一个开放的博弈平台时，治理主体能够实质性地参与治理中，容易形成扁平化的治理结构。要构建完善的现代大学治理制度，需要着力加强以下方面：其一，要平衡民办高校内部各利益相关者之间的地位和关系，突破传统的集权管理观念和相对封闭的治理体制，形成尊重多元主体共同治理的管理文化氛围，调动多元力量共同参与或决策。其二，要将制度看成一个整体，将多元化的利益诉求进行科学合理的整合，提升制度体系的认同性。其三，要努力加强治理制度的规范化和法治化，有效提升制度的科学化水平，充分体现治理制度的权威性。其四，制度建设要适应时代变化和实践发展，突出学校管理的学术导向，大力建设制度文化，满足大学自身发展需求以及社会的期望。

（三）构建长效互动机制是利益平衡机制的核心

治理主体之间的博弈均衡历经了由结构失衡到结构创新再到新的结构均

衡的过程，以董事会为核心的治理架构能够协调民办高校内部的利益关系以及学校各个层面的利益矛盾，由此成为构建长效互动机制的最佳选择。董事会成员由利益相关者代表选举产生，党委会作为民办高校内部委员会之一，承担监督董事会和校长行为的职能，一方面可以有效解决高校发展中的合法性与路径依赖问题，另一方面可以避免政府权力对行政权力和学术权力的渗透以及高校内部的行政权力膨胀问题，成为治理结构优化的突破口。学校职能部门的扁平化发展以及学院的现代化改革是高校系统有效运转的必要支持，与董事会架构共同构成民办高校内部长效互动机制。

第二节　完善民办高校内部治理结构的路径选择

现阶段，面对新时代高等教育改革的需求和"双一流"建设对大学治理现代化的要求，我国民办高校内部治理结构的建设和完善需要慎思、改革当前的人治治理模式，对现行内部治理结构加以改造，努力构建一个包容多元治理主体，反映各方切身利益的合理治理结构。民办高校内部治理结构变革的破冰之旅始于弱化人治管理，强化法治与民主，实施以从单一化的资本主导走向多元主体共治为根本路径的治理转型，努力形成由经验式管理的宏伟叙事模式向注重分权合作的微观权力运行模式转变的权力结构转化，不断优化和改造民办高校的内部治理生态。民办高校内部治理结构的完善要体现以人为本的管理理念，尊重不同群体的利益诉求，为给多元治理主体的发展价值在内部治理结构中得到有效表达提供制度性、程序性的框架，通过多元权力主体共同参与治理以及各主体之间的协商合作机制，抑制由于刚性管理过强和科层制作用过度而造成的"内部人控制"现象，消解人治弊端。

民办高校内部治理结构的内在逻辑既生根于基于"经济人"假设的"自发性"的市场逻辑，也依附于国家强制力保障的政治逻辑，究竟是以市场逻辑还是以政治逻辑来设定民办高校的内部治理行为？一般认为要避免公共事务的悲剧性命运，只有两条非此即彼的路可走，或者彻底私有化，或者强化中央集权，即彻底的"去中心"或者构建强有力的"一元"行动中心。埃利诺·奥斯特罗姆从博弈论的角度提出了市场与政府以外的解决办法，即介于"去中心"和"一元中心"之间的"多中心"共同行动模式。基于"多中心"的共同行动理论，任何一种强权都不利于大学这个公益性组织的健康发展。

民办高校内部治理结构的完善要以"多中心"共同行动理论为基础去强权化，以分权为路径，努力在治理观念、机构建设、治理制度、治理机制等方面进行持续的改革。

一、转变治理观念，用大学精神引领民办高等教育事业发展

大学精神引领大学的发展方向，是大学的灵魂，赋予学校以生命和活力，并积淀了大学最富有典型意义的精神特征，芝加哥大学原校长赫钦斯曾说过："任何时候，大学都是在同一精神下运行的。只有大学精神才能使大学作为一个社会组织结构始终存在，大学组织本身才得以正常运转。"正如A.弗莱克斯纳所指出的那样，"总的来说，在保障大学的高水准方面，大学精神比任何设施、任何组织都更有效"[①]。高校正是借助于大学精神的力量，唤起和激发师生员工对学校的深挚感情，团结校内所有成员，为学校教育理想的实现而共同奋斗。民办高校大学精神的重建是一项科学系统的教育理论与实践工程，需要从院校历史、管理理念、校风培育、文化建设等多个方面做出持续努力。2006 年 6 月，时任清华大学党委书记陈希在文化讲坛中谈到大学精神时说："高楼大厦是大学之'形'，一流名师是大学之'实'，而优良的大学精神乃是大学之'神'。我们不但要'名副其实'，更要'神形兼备'，还要'与时俱新'。在今天建设世界一流大学的过程中，我们要努

---

① FLEXNER A. *Universities Society American English German*[M].Oxford：Oxford University Press, 1990：354.

力建设与世界一流大学相适应的优良的大学精神！"

通过分权路径对集权化体制进行改革可有效推进民办高校内部治理科学化变革，使其坚守自由与独立的大学精神。要努力克服市场机制引入带给教育管理观念的异化弊端，认识到民办教育的育人价值和公益性本质的重要性，实现从企业家办企业到教育家办学校的实质转变。以大学精神追求为先导，坚持用科学、理性的大学思维实施治理行为，回归科学的大学治理之道。合理准确确立办学定位，遵循公益性办学性质，发扬崇尚学术、发扬民主、科学求真、追求卓越的大学文化和传统，力求通过加强发展规划论证、大学理念引领、历史总结回顾等措施，使民办高校的存在价值、学校文化、使命追求等理念性、人文性价值追求在内部治理结构完善实践中起到引领和指导作用。

（一）尊重人的价值，走出内部治理主体的工具性危机

大学是培养人的场所，大学教育是实现人全面自由发展的重要途径。正如马克思所言，"每个人的自由发展，是一切人自由发展的条件"。[①]民办高等教育要以人为本，充分重视并不断挖掘人的潜力和价值，使每个人形成独立人格并实现全面发展。随着技术的发达和经济的转型，受功利主义、物质主义的社会思潮影响，民办高等教育中人的价值实现正在遭遇工具性危机，将人的主体性"物化""工具化"，科研、教学、学术成为职称晋升获得名利的工具。因此，大学精神的重塑要从以人为本出发，寻求对人的价值的肯定和追求，关注人的生存和全面发展的需要。对教师而言，加强"学正为师、身正为范"的基本职业道德修养。

对管理者而言，尊重教师、学生的主动性、创造性，实现由管制到善治的转变，管理方式上实现由"堵"到"疏"的转变，提高学校治理水平；对学生而言，面向全体学生，尊重其成长的差异化和价值追求的多样化，培养

---

① 马克思，恩格斯．马克思恩格斯选集：第 1 卷 [M].北京：人民出版社，1972：273.

独立、健全的人格，引导学生自主学习，主动成长。此外，要从环境建设、文化培育、制度创设、学术自由等方面切实支持和引导教师、学生全面发展，制定并运用合理的评价体系，营造宽松的教学环境，使师生内源性的发展成为教育发展的不竭动力。

（二）关切教育的公益性价值，克服内部治理过程的功利性危机

在知识革命的转型和多元文化尤其是市场经济文化的冲击下，功利主义的价值观和工具理性的思维方式逐渐在大学开始蔓延。教学、科研过分强调技术效用，刻意追求经济利益，甚至为了经济利益漠视教育的公益性本质，教育独特的文化引领、人文涵养的价值功效日渐式微。因此，当前民办高校大学精神的重建应当超越世俗性、工具性，努力走出功利主义的泥潭，"超拔"于绝对物化的世界、享乐的世俗生活，回归其为了人和社会的至善，担当起引领社会集体向善的责任，才能扩展其至善性，彰显人类灵魂净化的"象牙塔"的本质。大学的本质在于追求真善美，大学教育的过程反映着社会的道德良知，传承着民族和社会的文化精髓。大学不仅要关注经济效益和规模发展，更要通过自身的探索、反思、批判而追求科学精神、人文精神。高等教育实践中功利化的价值取向，注定会伤害其教育公益性的属性。面向市场经济趋利性的诱惑，民办高校能否秉持大学教育的基本操守和本质是民办高校真正实现可持续发展的根本所在。

（三）顺应时代的呼唤，克服内部治理体系的封闭性危机

大学精神是时代发展的产物，同时又作用于时代的发展。只有在内部治理中坚持和发扬具有时代特点、满足社会需求的大学精神，才能真正使大学保持精神的引领作用。从这个意义上来说，大学不只是追求理想的"象牙塔"和追求知识真理的"天堂"，更多的要从历史的维度和时代的角度传承国家、民族的文化传统，结合社会变革的要求，寻求科研、教学服务于社会需要，为国家的繁荣昌盛、中华民族的伟大复兴而努力。当前，民办高校要

重建大学精神，要扎根于具体历史阶段中国经济和社会发展的现实土壤中，用社会主义核心价值观规范师生行为和办学活动，形成具有中国特色的民办高校大学精神。

（四）完善大学功能，面向社会市场，发挥民办高校服务经济社会的功能

大学既有传统性的坚守，也有现代性的开拓。在新的时代和新的环境下，现代大学的功能表现越来越多样化，努力使大学教育本质追寻的出世性和功能实现的入世性相结合是使大学保持其旺盛生命力的根本所在。民办高校要弥补办学基础先天不足的弱势，追求一流办学就要在大学功能实现上做足文章，民办高校培养学生的主要目的就是要服务社会经济发展，努力培养能够满足社会需求的人才，为地方经济发展提供人力支撑。而要达到此目的，就要针对"地方经济对人才的需要进行专业设置，进而根据地方经济、行业及企业的需求规格来制定人才培养目标"[①]。此外，民办高校的科研创新工作也应与地方经济社会发展相结合，密切关注社会需求，努力实现科研成果推广和应用，提高社会生产力水平。

二、加强机构建设，用科学组织体系优化治理过程

在教育治理的框架下，各种不同的教育利益诉求能得到充分表达，教育决策、政策与立法得到充分讨论与论证，这从政治生态上消除了人治显性或者隐形存在的可能性。传统的集权管理模式从机构设置便摒弃了治理的相关功能，即便有相关组织机构，强权的压抑使得有的机构无法正常施力，造成治理质量低下。治理组织机构作为权力运行、治理实施的重要"抓手"，对其的充分重视和建立健全对内部治理结构完善具有重要的作用。为进一步提高治理质量和效果，使大学精神引导下的治理理念落到实处，民办高校需加

---

① 徐绪卿.建设国家级高水平民办高校的若干思考[J].教育发展研究，2012（7）：26.

强治理机构的建设，以科学合理、规范有序的治理组织体系不断规范治理的行为。

（一）切实加强党组织建设工作

民办高校办学机制的创新，在教育组织不断社会化的过程中党组织肩负着使民办高校保持社会主义办学方向的重要职责。民办高校多元化董事会组成要求党委书记和党委委员、党员代表都应成为董事会成员，积极参与学校重大事务决策，并实现对董事会和学校各项工作的有效监督。在民办高校开展党建工作，需要发扬改革创新精神，正确处理好学校举办者、行政领导、学校党委、教师及学生等多个利益相关主体的关系，在引领与服务、管理与治理、方向与道路等关系的处理上做好选择，实现党建工作载体创新、手段创新和方法创新，推动党建工作全方位引领各项具体工作稳定发展。将党的政治核心地位和全面从严治党的要求贯彻落实到学校治理改革的一切工作中去，把党组织的宣传、引导、监督、治腐等功能融入教学管理、人事管理和管理队伍建设中，以优质的党建工作引导民办高校的办学方向。

（二）规范董事会的构成

民办高校董事会多元化是治理走向民主化、科学化、规范化的重要趋势，为有效防止董事会演变成为个人或组织不顾学校大局进行谋利的工具，在原有董事会成员组成的基础上，应将人数适当扩充，参加人数由原来的5～7人增加到11～13人，有效覆盖参与学校治理的各利益相关者，内部各权力主体代表都应成为董事会成员，既包括核心利益者和关键利益者，也要包括边缘利益者，尤其是教师、学生等民主力量的代表。同时健全董事会的议事规则，以共同参与和合作协商的方式将不同声音整合为统一共识，进而制定科学合理的学校重大决策，诸如涉及学校发展规划、章程制定修改、办学目标、资金流向、重要人事任免等重大事项，要通过董事会集体民主讨论决定。

（三）设立监事会

监事会制度是有效体现公众监督和接受民主审议的科学制度，监事会作为民办高校的最高监督机构，其监督职权可涉及内部治理的方方面面，其地位与内部治理结构中董事会有并行的特点，接受教代会、学代会的监督，并为广大民众负责。监事会也可采取引入社会贤达、学界专家等具有良好社会声誉的社会人士的方式，加强对办学行为的有效监督。监事会要通过制定章程和工作机制来对董事会的重大事务决策以及学校的章程贯彻执行情况、发展规划落实情况、财务收支和经费使用情况、财务审计制度、资产管理制度、安全稳定落实情况等具体内容进行全方位、无死角的监督。

（四）提升机构执行力

赋予民办高校校长学校行政工作管理权，让其对行政工作实行专业化管理。按照"精简高效、精细服务"的原则设置民办高校的行政管理机构，优化资源配置，简化工作程序，教学、学生管理、后勤、基建等各项工作高效开展。行政管理机构要抛弃原先的官僚化工作作风，各项具体工作强调"以学生为本"的管理理念，树立一切工作为了学生发展的工作观念，突出人才培养在各项行政工作中的主导地位，以此为重点，构建起行之有效、符合实际的行政工作运行体系。在加强组织机构建设的同时，努力提高行政部门从业人员的业务素质，健全具体工作制度，使各项具体工作管理实施高效、过程规范合理。

（五）设立审议机构，加强民主监督

共同协作治理致力于将一元化的权力分化为多元权力，民办高校内部治理要充分尊重学生和教师主体地位，加强民主监督和审议机构，有效扩大治理的民主参与程度。教职工代表大会和学生代表大会是民主监督和审议的重要组织机构，能够充分发挥教师和学生参与内部治理的民主权力。定期召开教职工代表大会和学生代表大会，听取董事会和校长的工作报告，审议学

校各项重大方案和管理报告，及时以议案的形式向董事会、校务委员会提出工作建议和意见，确保教师和学生共同参与治理的地位和表达诉求的渠道畅通，努力建设和谐校园。

（六）强化学术委员会职能

民办高校要提高教学和科研工作质量，就要充分重视"教授治学"的重要作用。加强民办高校的学术委员会、学位委员会、职称评审委员会、教授委员会等学术组织机构的力量，将学术活动交由专业的学术组织机构来完成，构建畅通、独立自主的学术活动运行保障机制，促使学术权力从传统的行政权力的牵制下分离出来，达到学术权力与其他权力相互协调，各司其职。充分发挥学术委员会对学术活动的控制权和话语权，组织开展学校的人才培养方案的制定与修改、科研项目的组织与申报、学科设置的建设与调整、师资队伍的培养等具体工作，营造自由、宽松的学术氛围。

（七）组建财务委员会

民办高校被诟病的传统话题之一便是财务工作的不规范性，投资者对财务数据的保密性和不公开操作使众多内部治理主体无从对学校办学资金流向、公共资源配置等敏感问题进行参与治理，对财务工作的监管是限制人治带来的集权的关键。民办高校要组建财务委员会，履行对学校财务工作的监管和重大资金流向的审计。成立财务委员会后，该机构要依据财务法规和政策，制定规范的财务工作制度，科学合理地制定年度预算方案和实施年终经费审计方案，对学院各部门的资金执行情况及时进行审查，防止财务腐败的滋生和蔓延，为办学经费的合理、安全、高效使用提供保证。

如上，组织机构作为内部治理结构的实体抓手，真正建立并切实发挥职能是内部治理结构完善的基础。民办高校内部治理组织机构建设是一个系统工程，需要在治理过程中不折不扣地建立健全，让其充分发挥各自的工作职能，完善民办高校内部治理结构措施。

三、强化治理制度，用现代大学制度规范治理行为

科学的内部治理制度是统一内部成员或组织治理行为的规范体系，也是内部治理结构有效完善的重要基础。在民办高校的内部治理中，治理质量和能力的提高要通过治理制度来实现，组织制度为民办高校内部的各种权力分配和运行提供了强制性的组织规范。构建各成员之间具有价值认同和理念认可的内部治理制度，是使各成员共同遵守并高效完成治理目标的前提。

民办高校的内部治理制度要以现代大学章程建设为突破口，以完善监督制度为保障，以完善董事会工作制度为核心，以多元化的权力制度建设为重点，不断通过规范化的学校章程和校纪校规等制度体系明确不同权力主体的工作职责、权力范围、议事规则、决策程序，规范领导决策行为，增强决策的科学性、规范性和民主性，减少权力失控和行为失范。

（一）完善民办高校章程建设

民办高校章程是科学内部治理结构的重要载体，章程的建设是完善内部治理结构的突破口，也是民办高校内部治理走向法治化、制度化的必然选择。民办高校章程的建设要依据《中华人民共和国教育法》规定，体现其的法律精神和要求。民办高校的办学体制、董事会职限、发展规划和目标、决策制定和实施程序等内容都应在学校章程中进行明确约定。针对传统管理弊端，学校章程的建设要重点研究以下几方面的制度改进：其一，要明确学校的法人产权。要从法律上明确民办高校的举办者投资的产权归属，将"合理回报"的法律规定进一步明确，科学界定学校产权和投资者个人产权的界限。其二，为加强党的领导，党委书记（督导专员）必须进入学校董事会。建立党委书记与董事会成员的沟通交流和监督制度，探索改进以党政领导联席会为主要形式的协作制度。其三，对董事会成员的比例做出明确要求，实行亲属回避制度。为防止董事会个人强权损害不同治理主体的合法权益，董事会作为核心决策机构要加快推进民主化体制改革，投资者家庭成员或其亲属不得超出约定比例。

（二）建立和完善民办高校的民主监督制度

共治求善治重点解决了内部权力一元独大代替其他权力主体行使权力的问题，使肆意妄为的霸权受到有效监督和约束。按照现有制度设计来看，党委、监事会、教代会、学代会、工会等组织是民办高校开展民主监督的重要组织机构，通过这些机构监督职能的充分发挥，民办高校内部民主监督制度建设不断科学化，逐步形成系统的、多层次的复杂网状监督制度结构。在完善内部治理结构的过程中，民主监督制度的建立和健全需要学校章程等治理法规的明确规定权利来保证其合法地位和有效运行。具体地说：一是要加强党的领导，发挥党组织的监督职能，保障民办高校的社会主义办学方向。民办高校党委有上级党组织的监督，也有党组织内部的监督，将这些监督通过党建工作的开展成功渗透到学校的各项工作中去，以政治的核心领导作用带动内部治理结构向科学化、法治化改革。二是加强监事会制度。监事会对民办高校的财务、纪律等工作具有监察权，其执纪内容具有全面性和综合性，重点要依据民办高校相关产权法理界定对财产权和资金使用、资源配置等工作方面的纪律进行有效监察，惩治集权带来的腐败。三是完善教代会、学代会、工会等民主组织。民主组织代表着数量众多的教师、学生的合法权益，也是重要的民主参与监督的机构。推动代表的产生，听取董事会和行政工作报告，对具体执行情况进行信息公开、民主测评、集体审议的形式进行有效监督。

（三）建立规范的董事会工作制度

完善董事会领导下的校长负责制的核心在于规范董事会制度。首先，要明确董事会多元化人员构成的基本框架，形成董事会内投资者、校长、党委书记、管理者、师生代表等合法治理主体代表的准入制度，改变家族式董事会的情形。其次，完善董事会议事和决策制度。对董事会需要做出的重大决策，要通过集体商议、沟通交流之后，科学合理地形成。对重大财务支出、资金转移必须通过董事会集体商议签字确认方可执行。再次，对投资者所取得的回报率范围应当加以明确，任何人不得超范围违规转移学校资金，损害学校利益，防止出现投资者在不保证学校正常运转的情况下未经董事会集体审议便非法转移办学资金，甚至将学校集体资产向银行抵押贷款，转移贷款资金致使学校背负沉重债务的现象。最后，清算从建校时起的学校财务收支情况，对学校的负债情况做出责任划分，追偿已损失资金并依法让非法转移者承担相关法律、经济责任。对"三无起家、滚动发展"发展模式的学校公共资金去向进行公开审计和彻底清算，借此保证投资者依法规定的合理回报，同时保障大部分资金用于提高办学质量方面。

构建保障多元权力主体共同参与协商合作为特征的内部治理制度，从根本上改变权力过于向上集中的金字塔式的权力结构和传统的遵从个人意志的集权管理模式，并尊重基层学术组织和民主团体参与治理自主权和合法地位，不断从治理过程细节上完善内部治理结构的各项设计、运行、保障和监督制度。

四、完善治理机制，用有效权力机制保障治理质量

民办高校内部治理要面对多元化的权力结构和利益诉求，要对各内部治理主体的权力与责任进行规范，采用有效沟通合作与信息、交流等协调机制，让各利益相关者在能够彼此了解、信息畅通的前提下，保证各方的信息对称，积极主动采取措施，合作协商机制，避免可预期的冲突发生。基于此，民办高校内部治理中更应体现权力主体的多元化构成，尊重并建立不同权力的运行机制，加强沟通交流，形成办学合力，体现民主办学力量，实现决策和执行的科学化。

（一）坚持党的绝对领导，构建政治权力的运行机制

党的绝对领导地位也体现在民办高校的内部治理结构中，任何时候都必

须坚持党的领导。历史和实践充分证明，民办高校如果脱离了党的领导，社会主义的办学方向就很难得到保证，培养社会主义事业接班人的神圣使命就难以完成。在社会组织加强党的领导也是巩固党的领导地位的体现，如何在社会组织中把党建工作与社会组织的具体工作充分结合起来，是需要现阶段在实践中不断探索创新的关键。党组织代表深入董事会，对具体决策进行参谋建议，并进行有效监督，对学校决策执行情况进行宏观指导，着力通过思想引领、政治把关、教学推进、工作服务、言行表率、管理监督和廉洁治校等具体工作方式开展相关党建工作。坚持基层党组织对系、部、所、教研室等组织的领导，通过培育师生的社会主义核心价值观、开展思想政治教育工作等具体工作，可以加强党对民办教育事业的统领。

（二）维护董事会的决策核心地位，构建董事会权力的运行机制

董事会成员结构的合理化是提高民办高校决策质量的基础，是民办高校由"个人治理"走向"制度治理"的必要条件，也是民办高校实现基业长青的根本保证。民办高校董事会在民办高校中的核心地位是由《中华人民共和国民办教育促进法》依法规定并赋予其职权的，是民办高校内部最高权力机构，履行制定学校重大方针政策，保证学校正常运行和健康发展的基本职责。作为核心决策组织，董事会要以成员组成结构的多元化体现决策权力主体的多元化，保证学校相关利益群体代表的参与，充分保障其话语权，努力克服举办者过度控制、家族氛围浓厚、成员结构单一和内部运作透明度低等弊端。创建民主参与、集体协作、沟通交流、民主决策的董事会工作运行机制，可以加强成员之间的合作交流，使决策保障学校的整体利益，提高董事会决策的科学化水平，加强其履职能力。

（三）专家治校，构建以院（校）长为首的行政权力运行机制

大学在社会化进程中经历了功能的世俗化和介入力量的多元化，在纷繁复杂的社会思想潮流影响下，民办高校保持其教育性本质和教育组织生命力

的前提是实现专家治校，校长的专业化趋势和专家化进程是科学行政权力运行机制的基础。民办高校内部的复杂组织和运行也使学校形成了庞大的行政管理系统，为了使这些行政部门和体系高效有序运转，就需要建构科学的行政权力运行机制。正如克拉克·科尔所指出的："不管在什么地方，行政管理已成为大学的一个更为显著的特征，这是普遍的规律。由于机构变大了，所以行政管理作为一种特殊的职能变得更加程式化和更为独立出来了；同时，由于机构变得更为复杂，行政管理的作用在使大学整体化方面变得更加重要了。"[①]行政管理工作对民办高校的规划目标实现、办学方向、管理绩效具有较大的推动作用。因此，在董事会的领导下，构建科学的行政权力运行机制，可以使民办高校建立一个政令畅通的行政管理系统，不断提高行政管理水平和质量。

（四）教授治学，完善学术权力的运行机制

民办高校具有大学的本质属性，本质上是学术组织，学术性是民办高校赖以存在的基本特性和存在价值。学术活动的内部逻辑决定了具备深厚专业知识和能力的教授在民办高校学位授予、科学研究等学术事务中的权威性，教授群体对这些活动具有主要的决策权和发言权，更重要的是，教授参与学校重大问题的决策与咨询，可以提高学校决策特别是学术性政策制定和实施过程中的科学性和有效性，有利于科学知识的创新和创造型人才的培养。[②]从民办高校的实际情况来看，当前民办高校学术力量还相对薄弱，行政权力替代学术权力的现象屡见不鲜，教授治学的渠道也不通畅。加强学术委员会的权力运行机制保障，包括学生学位授予、教师职称评审评定、学科建设和规划、科学研究管理方案等具体工作，将决策权交还给学术委员会，提高学

---

① 科尔.大学的功用 [M].陈学飞，陈恢钦，周京，等译.南昌：江西教育出版社，1993：18.
② 李巧针.深化高校内部管理体制改革加快建设创新型大学[J].现代教育科学：高职研究，2007（6）：90—92.

术委员会在学术事务决策中的地位和权力，从而提高学者和学术组织参与学校治理的积极性。

（五）民主参与，构建民主监督权力的运行机制

民办高校的内部治理应该有效体现教师、学生等民主群体的知情权和参与权，发挥民主群体如教代会、学代会、工会等组织在维护教职工、学生合法权益的作用，以保证利益相关者的合法治理权利。制定民主组织的共同协商和会议制度，通过推选代表进行民主审议参与学校重大事务的决策，推行常务委员会工作治理，使工作开展常态化、制度化；将涉及师生利益的重大调整诸如人事考核、工资标准、职务晋升、奖励惩罚等信息定期向广大教师和学生进行公示，确保民主化本质的权力运行机制；对于教职工、学生与学校之间出现的矛盾纠纷，进行有效协商，缓解矛盾，公正合理地化解纠纷，及时制止侵害教职工、学生合法权益的行为。

高质量发展是当前教育改革的重点，有效内部治理结构旨在提高实际治理效果，提升民办高等教育质量。教育质量是民办高校生存和发展的生命线，是立校之基、生存之本、发展之源，治理质量是衡量内部治理结构有效变革的重要内容。只有引导民办高校由外延式发展向内涵式发展转变，从注重规模效益转向质量内涵，才能真正实现民办高等教育事业可持续发展。要使民办高校能够在激烈的高等教育市场竞争中求生存、求发展，一方面要走加强内涵建设、提高民办教育质量的内涵式发展道路；另一方面要在实践中凝练办学特色，充分发挥办学机制灵活性的优势，实现特色发展。只有这样，才能使民办高校发展兼备质量与特色双重特质，不断提升民办高校的综合竞争力。以质量求生存，以特色求发展，坚持内涵式发展道路是民办高校实现科学治理的必然选择。

寻求内部治理结构的改革与转型是民办高等教育改革的大势所趋，"双一流"建设实施的现实挑战和高等教育改革的时代步伐迫切需要完善和改进民办高校的内部治理结构。在多元治理主体参与的格局下，民办高校的内部

治理结构改革在超脱于行政化、企业化的模仿和规避商业化的风险之后，力求突破人治的困境，以科学的治理理念和大学精神为导向，以理性和法制为基础，以制度建设的科学化、民主化、法治化为突破口，赋予内部治理结构以科学的权力分配和稳定的行动逻辑，大力加强内涵建设，提高教育质量，充分发挥服务经济社会的功能，实现由"人治"向"法治"的转变①，努力达到内部治理的科学化、法治化、民主化，使民办高校治理实践迈向法治、善治的康庄大道。

---

① 刘尧.什么是有效的大学治理 [N].中国科学报，2015-04-23（7）.

结束语

随着现代化的进程和社会的转型，科学、民主、法治、公平正义、可持续发展以及国际化、信息化等，成为现代化绕不开的价值命题。[①] 尽管 B 学院内部治理结构的改革和完善之路还相当漫长，但民主化、科学化、法治化的细微变化仍然值得 B 学院办学者感到欣喜。正如伯顿·克拉克并不赞成对高等教育矩阵进行命令式变革和全面的变革一样，著者对 B 学院内部治理结构的变革方式，更倾向采取人们普遍接受的基层创新、依靠劝说自愿进行的变革、渐进式变革、静悄悄的边界渗透变革等。[②]

现阶段的高等教育体制犹如围城的高墙，将众多民办高校隔离在主流世界之外，围城之中的人们享受着体制内养尊处优的福泽却对围城之外的世界指指点点。B 学院犹如牙牙学语的婴儿，又如拥有诸多烦恼的青春期孩童，它在历练中不断地成长，迷途之中的 B 学院不是高等教育的"弃儿"，需要有识之士指点迷津，需要社会给予温暖的关怀让其在成长的道路上不再孤单和无助。越是身处逆境的成长者越容易在淬火之中炼出真金，我们希冀像 B 学院这样的民办高校在改革的征程上少走弯路，能够蹄疾而步稳地迈向治理现代化。

民办高校何去何从，教育家治学的权力能否真正得到尊重，企业家的商人思维和教育家的教育思维在碰撞和博弈中究竟各自的职权范围和功能边界

① 杨小微.教育现代化评价之核心指标三问 [J].教育科学研究，2015（7）：5-9.
② 克拉克.教育新论：多学科的研究 [M].王承绪，徐辉，张继伟，等译.杭州：浙江教育出版社，2001.

在哪里？这些是民办教育从业者下一步真正需要思考和研究的问题。这些内部治理结构变革中暴露出来的弊端需要我们以刮骨疗毒的忍耐性和壮士断腕的魄力去根除，商人的思维和能力应该在商业活动中充分体现，高等教育有其特有的理想和独有的气质，这才是她生生不息的生命力所在，大学理想的追求和生命价值的张扬容不得太多的世俗和功利去亵渎和玷污。

治理还在路上，对于民办高校而言，没有最好的，只有更好的内部治理结构。共治求善治的改革策略指明了完善民办高校内部治理结构的方向，提供了科学的符合治理现代化的治理改革建议。这条充满机遇和挑战的改革路上，需要民办高校的治理者们以教育改革家的风范和从事民办高等教育事业的宏图大略去不懈努力，克服困难，勇往直前，追求内部治理结构的至善、至美。

参考文献

[1] 雅斯贝尔斯.什么是教育[M].邹进,译.北京:生活·读书·新知三联书店,
1991.

[2] 雅斯贝尔斯.大学之理念[M].邱立波,译.上海:上海世纪出版集团,2007.

[3] 福柯.规训与惩罚[M].刘北成,杨远婴,译.北京:生活·读书·新知三联书店,
2003.

[4] 戈丹.何谓治理[M].钟震宇,译.北京:社会科学文献出版社,2010.

[5] 克拉克.高等教育新论:多学科的研究[M].王承绪,徐辉,郑继伟,等译.杭
州:浙江教育出版社,2001.

[6] 克拉克.高等教育系统:学术组织的跨国研究[M].王承绪,徐辉,殷启平,等译.
杭州:杭州大学出版社,1994.

[7] 弗里曼.战略管理:利益相关者方法[M].王彦华,梁豪,译.上海:上海译
文出版社,2006.

[8] 罗索夫斯基.美国校园文化:学生·教授·管理[M].谢宗仙,周灵芝,马宝兰,
译.济南:山东人民出版社,1996.

[9] 克尔.大学的功用[M].陈学飞,陈恢钦,周京,译.南昌:江西教育出版社,
1993.

[10]赫钦斯.美国高等教育[M].汪利兵,译.杭州:浙江教育出版社,2001.

[11]萨缪尔森,诺德豪斯.宏观经济学[M].16版.萧琛,译.北京:华夏出版社,
1999.

[12]弗莱克斯纳.现代大学论:美英德大学研究[M].徐辉,陈晓菲,译.杭州:
浙江教育出版社,2001.

[13]布鲁贝克.高等教育哲学[M].王承绪,郑继伟,张维平,等译.杭州:浙江
教育出版社,1987.

[14]杜威.民主主义与教育[M].王承绪,译.北京：人民教育出版社,1990.

[15]别敦荣.中美大学学术管理[M].武汉：华中理工大学出版社,2000.

[16]曹淑江.教育制度和教育组织的经济学分析[M].北京：北京师范大学出版社,2004.

[17]陈磊.中国民办高等教育[M].武汉：武汉大学出版社,2008.

[18]陈廷柱.大学的理想：价值取向及其言说立场与限度[M].青岛：中国海洋大学出版社,2008.

[19]董圣足.民办院校的良治之道：我国民办高校法人治理问题研究[M].北京：教育科学出版社,2010.

[20]胡卫.民办高校的发展与规范[M].北京：教育科学出版社,2000.

[21]金锦萍.非营利法人治理结构研究[M].北京：北京大学出版社,2005.

[22]刘旭东.教育的学术品格与教育理论创新[M].北京：中国社会科学出版社,2017.

[23]刘莉莉.中国民办高等教育发展的研究[M].长春：吉林人民出版社,2002.

[24]李福华.大学治理的理论基础与组织架构[M].北京：教育科学出版社,2008.

[25]李峻.转型社会中的高考政策研究：基于利益相关者理论的分析[M].长沙：湖南人民出版社,2012.

[26]闵维方.高等教育运行机制研究[M].北京：人民教育出版社,2002.

[27]梅慎实.现代公司机关权利构造论[M].北京：中国政法大学出版社,2000.

[28]王诗宗.治理理论及其中国适用性[M].杭州：浙江人民出版社,2009.

[29]吴志功.现代大学组织结构设计[M].北京：北京师范大学出版社,1998.

[30]杨东平.大学精神[M].沈阳：辽海出版社,2000.

[31]杨炜长.民办高校治理制度研究[M].长沙：国防科技大学出版社,2006.

[32]俞可平.治理与善治[M].北京：社会科学文献出版社,2000.

[33]尹晓敏.利益相关者参与逻辑下的大学治理研究[M].杭州：浙江大学出版社,2010.

[34]阎光才,识读大学：组织文化的视角[M].北京：教育科学出版社,2002.

[35]阎凤桥.大学组织与治理[M].北京：同心出版社,2006.

[36]张楚廷.高等教育哲学[M].长沙：湖南教育出版社,2004.

[37]张德祥.高等学校学术权力与行政权力[M].南京：南京师范大学出版社,

2002.

[38]张维迎.大学的逻辑[M].北京：北京大学出版社，2004.

[39]张兴.高等教育办学主体多元化研究[M].上海：上海教育出版社，2003.

[40]成有信.我国民办教育的性质和主要办学领域[J].教育研究，2000（5）.

[41]陈武元.中国民办高校如何走出办学水平不高的困境：经费来源结构的视角[J].
教育研究，2011（7）.

[42]董圣足.促进公平：教育政策首要价值取向[J].上海教育科研，2014（5）.

[43]董圣足，朱坚.我国民办高校的内外部治理特征[J].现代教育管理，2010（8）.

[44]冯建军.教育转型：内涵与特点[J].教育导刊，2011（9）.

[45]龚怡祖.大学治理结构：建立大学变化中的力量平衡：从理论思考到政策行
动[J].高等教育研究，2010（12）.

[46]龚怡祖.大学治理结构：现代大学制度的基石[J].教育研究，2009（6）.

[47]胡赤弟.高等教育中的利益相关者分析[J].教育研究，2005（3）.

[48]景安磊.民办高校教师权益实现的问题、思路和措施[J].国家教育行政学院
学报，2014（12）.

[49]柯佑祥.民办高校的属性识别及其调控机制研究[J].教育研究，2012（9）.

[50]卢彩晨，邬大光.中国民办高等教育回顾与前瞻[J].教育发展研究，2007（6）.

[51]罗建河.论高等教育的元治理[J].高等教育研究，2017（12）.

[52]刘旭东.人文学科研究方法旨趣的偏离与回归[J].当代教育与文化，2015（5）.

[53]刘旭东.我国教育学话语体系的反思与重构[J].中国教育学刊，2016（7）.

[54]刘旭东.教育行动的逻辑与教育理论创新：兼论哈耶克的"必然无知"理论[J].
教育研究，2016（10）.

[55]刘旭东.行动：教育理论创新的基点[J].教育研究，2014（5）.

[56]刘复兴.教育民营化与教育的准市场制度[J].北京师范大学学报（社会科学
版），2003（5）.

[57]刘复兴.大学治理与制度创新的逻辑起点[J].教育研究，2015（11）.

[58]刘献君.论大学内部权力的制约机制[J].高等教育研究，2012（3）.

[59]李福华.利益相关者理论与大学管理体制创新[J].教育研究，2007（7）.

[60]刘泽云，邱牧远.上好大学值得吗：对大学质量回报的估计[J].北京大学教

育评论，2017（1）．

[61]苗庆红．民办高校治理结构的演变研究[J].中国高教研究，2005（9）．

[62]宁本涛．论民办学校的范畴和性质[J].教育理论与实践，2002（10）．

[63]潘懋元．可持续发展的高等教育改革[J].辽宁高等教育研究，1997（4）．

[64]潘懋元．关于民办高等教育持续发展问题的报告[J].黄河科技大学学报，2007（6）．

[65]潘懋元，别敦荣，石猛．论民办高校的公益性与营利性[J].教育研究，2013（3）．

[66]任芳，李子猷．中国民办高校发展问题研究综述[J].西安欧亚学院学报，2011（1）．

[67]唐汉琦．论大学战略规划与共同治理[J].现代教育管理，2016（7）．

[68]邬大光．我国民办教育的特殊性与基本特征[J].教育研究，2007（1）．

[69]邬大光，王旭辉．近年来我国高等教育研究若干问题述评[J].教育研究，2015（5）．

[70]王善迈．民办教育分类管理探讨[J].教育研究，2011（12）．

[71]徐绪卿．建设国家级高水平民办高校的若干思考[J].教育发展研究，2012（7）．

[72]徐绪卿．我国民办高等教育发展回顾及中长期发展思路[J].浙江树人大学学报（人文社会科学版），2009（1）．

[73]徐绪卿．关于民办高校分类管理的思考[J].教育发展研究，2011（12）．

[74]徐绪卿．浅论教学服务型大学的若干问题：兼论地方院校和民办高校的发展定位[J].教育研究，2012（2）．

[75]杨德广．独立学院是中国特色的新型民办高校[J].高等教育研究，2009（3）．

[76]杨小微．教育现代化评价之核心指标三问[J].教育科学研究，2015（7）．

[77]杨炜长．完善民办高校法人治理结构的现实思考[J].高等教育研究，2005（8）．

[78]杨炜长．利益相关者视角下民办高校办学风险的防范[J].高等教育研究，2012（9）．

[79]袁占亭．高等教育"四个回归"的时代意义[J].中国高等教育，2016（23）．

[80]褚宏启．自治与共治：教育治理背景下的中小学管理改革[J].中小学管理，2014（11）．

[81]钟秉林．我国民办高等教育发展若干重要问题探析[J].中国高教研究，2011

（7）.

[82]周光礼，薛欣欣.扎根中国大地办大学：中国共产党创办新型高等教育八十年论坛综述[J].教育研究，2017（11）.

[83]周守亮，赵彦志.民办高等教育分类管理实施路径与策略研究[J].教育研究，2014（5）.

[84]张乐天.推进学校治理能力现代化：意义、重心与路径[J].复旦教育论坛，2014（6）.

[85]张应强，苏永建.高等教育质量保障：反思、批判与变革[J].教育研究，2014(5).

[86]崔玉平.高等教育制度创新的新制度经济学分析[D].北京：北京师范大学，2002.

[87]董圣足.我国民办高校法人治理问题研究[D].上海：华东师范大学，2010.

[88]吴景松.政府职能转变视察中的公共教育治理范式研究[D].上海：华东师范大学，2008.

[89]刘春湘.非营利组织治理结构研究[D].长沙：中南大学，2006.

[90]王庆如.民办高校办学水平提升策略研究[D].西安：陕西师范大学，2012.

[91]饶爱京.江西民办高等教育发展研究[D].厦门：厦门大学，2006.

[92]余承海.美国州立大学治理结构研究[D].南京：南京师范大学，2011.

[93]董圣足.教育现代化 民办教育大有可为[N].中国教育报，2018-04-02（12）.

[94]刘尧.什么是有效的大学治理[N].中国科学报，2015-04-23（7）.

[95]秦和，潘跃.发展民办教育要破制度瓶颈[N].人民日报，2015-05-27（19）.

[96]CORSON J J. *Governance of Colleges and Universities*[M].New York: McGraw-Hill, 1960.

[97]CORWIN, RONALAD G. *Asociology of Education*[M]. New York: Appleton-Century Crofts, 1965.

[98]COHEN M D, MARCH J G.*Leadership and Ambiguity*: *The American College President*[M].New York: Mc Graw-Hill, 1974.

[99] RONALD G. Ehrenberg. *Governing Academia*[M].New York: Comel University Press, 2005.

[100]STROUP H. *Bureaucracy in Higher Education*[M].New York: The Free Press, 1966.

附　录

访谈提纲

×××先生/女士：

您好！我是西北师范大学教育学院教育领导与管理专业博士生，正在调研民办高校内部治理结构存在的问题，请问您是否方便接受我对您进行采访？本次访谈内容将严格保密，为了确保访谈的有效性，请根据实际情况回答下面的问题。谢谢！

1. 您认为民办高校对高等教育发展的贡献体现在哪些方面？

2. 您认为 G 省的民办高校内部治理结构有哪些问题和不足？

3. 您所在的学校有完善的董事会制度吗？您认为需要改进的地方在哪里？

4. 您认为如何才能使民办高校与公办高校实现公平对待，实现共同发展？

5. 您认为对民办高校应该如何监管，请谈谈具体措施和想法。

6. 您认为民办高校发展该如何定位？

7. 您是否认同教育市场化发展？您对社会资本投资高等教育有什么看法？

致　谢

　　行文至此，思绪万千。在求知的这段日子里，时常在迷茫中苦苦追寻，大学的理想忽隐忽现，时而近，时而远。很多个日日夜夜，我都在扪心自问，大学是怎么样的？大学的教育是怎么样的？为什么所见所闻似乎离理想越来越远？

　　入世难，出世更难。选题之初，导师刘旭东教授鼓励我将多年在民办高校五味杂陈的经历写出来，这使得我有了更多的勇气和自信将这幅迷人画卷生动展现。之后的过程中，导师不断启发我，不论什么学校，它里面的"人"在哪里？有没有大学精神？教育因理想而神圣，因多元而美丽，因民主而多姿多彩。本书对民办高校现实的剖析来自我多年在民办高校的真情投入和倾情付出，也源自对民办教育的真诚热爱。

　　高等教育因民办高校而丰富多彩，民办高校也因教育而独具神韵。治理还在路上，用克拉克的观点来说，这种教育的变革是悄无声息的变化，而不是剧烈的革命。前方的路还会有迷茫，会有荆棘丛生的坎坷，这对民办高校来说既是机遇，但更多的是挑战，大浪淘沙，究竟能有多少优秀的民办高校从中脱颖而出？我们期待着，我们为此而努力。使民办、公办高校各美其美、美美与共是高等教育之福，也是民办高校之幸。

　　多年后再入西北师范大学教育学院求学，自己的学术旨趣和生活志向都经历了刻骨铭心的升华。感谢导师刘旭东教授多年来真诚教导，亦父亦兄，互敬互尊，这种超脱世俗牵绊的交往是我人生的宝贵财富；感谢西北师范大学教育学院王嘉毅教授、万明钢教授、刘复兴教授、张学强教授、王兆璟教授、王鉴教授、孙百才教授、赵明仁教授、李泽林教授等众位师长，老师们的大家风范和学术精神令我无比敬仰；感谢教育学院诸位青年学者和同窗学友的不吝赐教和真诚交往；感谢年迈久病的父母和贤惠明理的妻子的支持，为学业而劳碌奔波少有陪伴家人，心有遗憾；也感谢这些年来与我相遇相知共冷暖的朋友和同事，他们的理解和支持弥足珍贵。

　　毕竟时间和精力有限，本书尚有诸多不足之处，我将不断完善。带着对教育的热爱，对生活的激情，我会坚守心中的理想，坚定远航。

王世斌

2018 年 5 月